谨以此书
献给中国民间文艺工作者

学苑出版社

中国民间文艺家协会
70年图像志

A 70-Year Graphical Chronicle of Chinese Folk Literature and Art Association

中国民间
文艺家协会 编

学苑出版社

图书在版编目（CIP）数据

中国民间文艺家协会70年图像志/中国民间文艺家协会编.——北京：学苑出版社，2021.5

ISBN 978-7-5077-6176-4

Ⅰ.①中… Ⅱ.①中… Ⅲ.①文艺工作者—协会—概况—概况—图集 Ⅳ.①I2-26

中国版本图书馆CIP数据核字（2021）第091572号

责任编辑：洪文雄

编　　辑：郭人杰

印制总监：张　翔

书籍设计：张亚静

出版发行：学苑出版社

社　　址：北京市丰台区南方庄2号院1号楼

邮政编码：100079

网　　址：www.book001.com

电子邮箱：xueyuanpress@163.com

联系电话：010-67601101（营销部）、010-67603091（总编室）

印　刷　厂：北京雅昌艺术印刷有限公司

开本尺寸：889 mm×1194mm　1/16

印　　张：32.25

字　　数：564千字（插页、图等）

版　　次：2022年9月第1版

印　　次：2022年9月第1次印刷

定　　价：580.00元

中国民间文艺家协会 70 年图像志
编委会

名誉主任：冯骥才

主　　任：潘鲁生　邱运华

副 主 任（按姓氏笔画排序）：

　　　　　万建中　马雄福　王勇超　韦苏文　叶舒宪

　　　　　乔晓光　刘　华　李丽娜　吴元新　沙马拉毅

　　　　　苑　利　索南多杰　程建军

总 主 编：潘鲁生　邱运华

副总主编：周燕屏　吕　军　侯仰军　徐岫鹃

执行主编：冯　莉　张志勇

顾　　问：刘晓路

编　　委（按姓氏笔画排序）：

　　　　　王锦强　白旭旻　白　鹤　朱芹勤　刘加民

　　　　　刘　慧　刘德伟　李　刚　李　倩　莫保平

编　　辑：谢桂华　王素珍

图片整理：吴京男　黄梦嫒　李　航　黄　远　杨尚志

中国民间文艺家协会

70 年

编辑说明

一、《中国民间文艺家协会 70 年图像志》是由中国民间文艺家协会（以下简称中国民协）70 年图像志编委会组织编写。本书以时间为主线，按照事件专题分类，通过图像及相关档案资料梳理中国民协 70 年的发展历程。

二、本书包括"成立和探索 1950—1966""新时期再出发 1978—2012""迈上新征程 2012—2020"三个部分，分阶段呈现中国民协历次代表大会、重点项目、学术建设、期刊出版、国际合作等内容。

三、图像资料的选用，遵从历史性和价值性两个原则。围绕中国民协不同时期的重大事件、重点工作及重要人物，选用相关图片和档案资料，截选时间为 2020 年 12 月 31 日。

四、图像资料的排序，根据不同事件和项目，按初始时间排列先后；同一事件和项目，按其发展过程来排序；多个事件和项目混合排列的，根据图像叙事的需要，灵活排序；跨阶段的项目，已完成的，按该项目初始时间划分到相应部分；仍在进行的，则归入第三部分。

五、图像资料的文字说明，以其内容为主，标注时间、地点、时间、人物等信息。反映同一事件和项目的多幅（件）图像资料，仅在首次出现时作背景说明。

六、图像资料的来源，主要选自中国民协历史档案及其编写的出版物，部分珍贵图片，由协会退休干部及亲属提供。图片的署名，由中国民协档案、各部门提供的图像资源及协会所编写已出版的图像资料不做标注，图像提供者在编后记一并致谢，文字说明中不再专门标注拍摄者或提供者。

中国民间文艺家协会
70 年

中国民间文艺家协会
70 年

前言

从人民中来，到人民中去
——中国民间文艺家协会 70 年

潘鲁生

  今年，中国民间文艺家协会成立 70 周年了。1950 年 3 月，我国民间文艺领域的资深专家与著名学者发起成立了"中国民间文艺研究会"，郭沫若任首任理事长，钟敬文和老舍任副理事长。沈雁冰、周扬、吕骥、赵树理、郑振铎、柯仲平、田汉、江绍原、丁玲、艾青、胡蛮、程砚秋、欧阳予倩、吴晓铃、魏建功、游国恩、阿英、马健翎、李季、安波、光未然、蒋天佐、戴爱莲、田间、连阔如、王亚平、柯蓝、陈荒煤、李伯钊、周巍峙、王春、林山、俞平伯、孙伏园、马可、张庚、常惠、古元、王尊三、张仃、杨绍萱、容肇祖、黄芝岗、楼适夷、贾芝、常任侠、吴晓邦等文学、历史学、民俗学、人类学、民族学以及音乐、舞蹈、美术、戏剧、曲艺等领域的文化艺术名家成为首批理事。高峰在望，大家云集，开始在全国范围内统一组织实施中国民间文艺的传承、保护与研究工作，民研会成为民间文艺保护发展与研究的专门机构。1987 年 5 月，"中国民间文艺研究会"更名为"中国民间文艺家协会"，一直致力于组织、规划、指导全国性民间文学、民间艺术及民俗文化的考察、采集、保护、传承工作，实施中国民间文化遗产抢救与保护，开展国内外有关民间文化的学术交流、展览展示、民间文艺表演活动，举办民间文艺"山花奖"评奖，保护民间文艺工作者权益，全方位服务推动中国民间文艺事业发展。70 年来，民间文艺融入时代，参与社会转型期的文化建构与发展，走过了一段坚实的历程。从中华人民共和国成立之初，继承解放区民间文艺传统发展群众文艺活动，到 20 世纪 50 年代以来，对民间文学进行集成性的采集与研究整理；从 21 世纪开启中国民间文化遗产的抢救工程，到新时代，以人民为中心，传承发展中华优秀传统文化，实施"中国民间文学大系"和"中国民间工艺集成"两大工程；70 年来，几代民间文艺的收集者、研究者、创作者和千千万万基层工作者，以高度的文化自觉面对现代化与传统的激烈碰撞，行走田野，默默耕耘，为传承中华民族的匠心文脉做出了坚实的奉献。如果说面向未来需要更深刻地理解历史，那么，在新中国民间文艺的发展历程中，这种坚定的文化自信、学术追求和使命担当，就是文化薪火相传走向发展的基础和动力。民间文艺的生机和活力正是我们民族文化创造力最生动的表征。

一、民间文化的守护

中国民间文艺研究会从成立之初就将根本任务确立为"广泛地搜集我国现在及过去的一切民间文艺资料，运用科学的观点和方法加以整理和研究"。第一届代表大会理事长郭沫若在成立大会上的讲话中指出，本会组织专家学者开展民间文艺搜集、整理、研究工作的目的：保护珍贵的文学遗产并加以传播，学习民间文艺的优点，从民间文艺里接受民间的批评与自我批评，从民间文艺里获得最正确的社会史料，发展民间文艺。周扬主席在成立大会的开幕词中提出："成立民间文艺研究会是为了接受中国过去的民间文艺遗产"，"今后通过对中国民间文艺的采集、整理、分析、批判、研究，为新中国新文化创作出更优秀的更丰富的民间文艺作品来"。由此开始在全国范围内统一组织实施中国民间文艺的传承、保护与研究工作。在"民研会"的积极组织和推动下，从20世纪50年代初开始，民间文艺作品的搜集整理掀起高潮，各民族神话、史诗、传说、故事、歌谣、长诗等得到系统、科学、全面地采集和整理，形成了席卷全国的全民性民歌搜集与创作运动热潮。不仅出版了一系列歌谣集、民间故事等丛书，而且通过专家学者对民间文艺的阐述，为民间文艺正名，从几千年的中国文学史、文化史中找到了民间文艺的伟大贡献，一部分民间文学作品进入文学史。1956年10月2日，《人民日报》发表社论《重视民间艺人》，1958年4月14日，再次发表社论《大规模地收集全国民歌》，肯定了前期各民族民间文学的搜集成果。这一时期的民间文艺思想和学术构想，对今天的民间文艺学科建设、跨文化理论研究以及新时代民间文艺工作都有重要先声与启示意义。

20世纪80年代，西方文艺思潮涌入，在传统与现代、中国本土艺术与西方中心主义艺术的交流与冲突中，以钟敬文主席为代表的民间文艺研究者坚持对民族民间文化艺术的学术立场，以数十年如一日的坚守与付出编纂民间口传文化巨著，足迹遍及山村田野，以执着的文化追求力挽狂澜，避免民族民间文化的瑰宝散佚在转型冲击的浪潮中。1983年，民间文学三套集成，即《中国民间故事集成》《中国歌谣集成》《中国谚语集成》调查编纂工作启动，此后历经数十年，全国编纂出版90卷。民间文学三套集成工作实践经验及其系列田野调查与普查成果，为21世纪中国民间口头文学的抢救与保护工作树起了一座文化丰碑。

进入21世纪，面对经济快速发展过程中民族民间传统文化受到的冲击，在冯骥才主席的带领下，中国民间文艺家协会于2001年组织实施"中国民间文化遗产抢救工程"，动员全国广大民间文化工作者对民间文化遗存进行广泛深入的普查，盘清民间文化家底，取得了综合性的田野文化成果。这期间，确立中国民间文化保护的体系和对象，以文字、图片、录音、摄影、摄像立体记录，对各种文化事项作综合调查，全面呈现和展示我国民间文化生态，得到了全国各地的认同和响应。随着《中国木版年画集成》等一批学术成果的出版，全社会掀起了民间文化关注与抢救保护的热潮。

新时代，传承发展中华优秀传统文化，把人民对美好生活的向往作为奋斗目标，民间文艺开启了新的征程。由中国文联牵头组织，中国民间文艺家协会实施的中国民间文学大系出版工程正式启动，在全面搜集整理中国民间文学文本及汇通民间文学理论体系的基础上，甄选出版中国民间文学的原创文献，为中华民族文化保留弥足珍贵的鲜活文化记忆。同时，中国民间文艺家协会还组织编纂《中国民间工艺集成》，系统辑录和整理长期处于散佚状态的民间工艺，填补我国在民间文艺集成编纂方面的空白，从国家文化发展战略层面推进民间工艺的传承和转化，从而在文化传承、工艺发展、乡村振兴等方面发挥积极作用。

二、学术立会的传统

中国民间文艺家协会始终秉承学术立会的传统，以严谨的学术研究作为民间文艺保护、传承与创作发展的支持和保障。钟敬文主席等老一辈开创者注重民间文艺研究的顶层设计，提出民间文艺思想和学术构想，提出了民间文艺学"原理研究""历史研究""批评评论""方法论和资料学"的学科体系，强调"田野作业"的研究方法，指出既要注重客观地调查和比较，也要关注社会生活的特性，以强烈的学科意识引领我国民间文艺的发展。在这样的学术视野和学风带动下，民间文艺工作者从更开阔的生活和文化源流上看待民间文艺，努力把民间文艺的经验现象深化为学理认识，深化对于中国民间文艺发生发展的基本脉络与面貌、美学精神和文化特征的研究与探索，建构中国的民间文艺学科。几十年来，民间文艺家协会团结专家、民间文艺家在理论研究、田野调研、保护实践、创办学术刊物开展交流等各方面都取得了扎实的进展。事实证明，民间文艺的学科建设、跨文化理论研究以及严谨扎实的田野调研有助于我们认清研究对象，把握发展规律，明确工作方法，是开展实践和解决现实问题的重要基础，发挥了积极作用。

民间文艺的抢救保护实践始终建立在田野作业的基础上，强调民间文艺采集与研究的科学性和全面性。民研会成立伊始通过的《征集民间文艺资料办法》明确要求："应记明资料来源、地点、流传时期及流传情况等；如系口头传授的唱词或故事等，应记明唱讲者的姓名、籍贯、经历、唱讲的环境等；某一作品应尽量搜集完整，仅有片段者，应加以声明；切勿删改，要保持原样；资料中的方言土语及地方性的风俗习惯等，须加以注释。"此文件明确了新中国民间文艺事业的人文理念、科学方法、发展路径，为全国范围内开展民间文艺活动定下基调和规范。贾芝、刘锡诚等前辈都曾深入就"搜集民间文学作品必须坚持'忠实记录'的原则""要特别注意保留生动的民间语言"以及"要把采录和研究结合起来"等方法和机制做出阐释。冯元蔚主席等扎根少数民族地区开展调研，将民族民间文学的作品采录拓展到民族文学史、民族语言学、民族哲学的广阔领域，将民族民间文艺的调研经验、研究方法和理念贯穿到中国民间文艺保护与发展的工作实践之中。进入21世纪，冯骥才主席倡导和组织实施的"中国民间文化遗产抢救工程"，高度重视学术理论对田野方法的支持，致力建构符合我国实际的文化工作方法论，积极引入文化人类学、民俗学以及文化遗产保护最前沿的理念和方法，为抢救和保护工作提供科学的理论指导，形成了田野作业的学术方法体系。

民间文艺的研究与保护应遵循民间文艺的规律。新时代，响应中央部署实施中华优秀传统文化传承发展工程，《中国民间文学大系》《中国民间工艺集成》两大工程"文""艺"并举，相辅相成，旨在编纂出版世代传承的民间文学大系，辑录和整理长期处于散佚状态的民间工艺。《中国民间文学大系》的编纂始终关注民间文学的"活态性、生活性、历史性和文化性"，注重"大系"的"科学性、广泛性、地域性、代表性"，科学系统地开展编纂工作。《中国民间工艺集成》的编纂深入把握传统工艺的经验实质，把握传统工艺的生活基础和价值，重视发掘工艺思想，关注历史发展过程中传统工艺创新演化的节点、条件和转化机制，系统梳理传统工艺创新转化的动因、路径和规律。"两大集成"旨在为生活存录，为劳动者立传，为匠心文脉的创造者立档存志，在编纂过程中强调学术规范，深入把握民间文化的本质和发展规律，从而讲好中国故事、弘扬中国智慧、传播中国精神。

三、服务人民的使命

民间文艺从人民中来，到人民中去，是人民群众的文化创造，也是维系乡愁记忆、追求幸福生活的精神食粮。在基层文艺工作中，民间文艺工作者致力于使人民成为民间文艺的主角，不断梳理和保护具有地方特色的民间文艺，做细做精基层文化活动，使基层群众有舞台，有热情，有传承，有创造，唱响民歌，创作民艺，传诵优秀的民间故事，不断丰富城镇社区和广大乡村的民间文化生活。民间文艺工作者深入生活、扎根人民，悉心把握民间文艺的需求，汲取民间的文艺营养，努力创作具有乡土基础、生命活力、文脉传承的民间文艺作品，夯实民间文艺的生活基础，更好地服务人民、服务生活。

几十年来，中国民间文艺家协会组织开展了一系列民间文艺的基层文化活动。在"我们的节日"主题活动中，充分发挥民间文艺传承民俗、广接地气的优势，紧紧抓住"人民的节日人民办，人民的节日人民过"的特点，在传统节日的重要发源地、流传地，在节日特色鲜明、群众参与广泛的地区，在边疆或内陆偏远地区少数民族聚居区，开展地域特色浓郁、群众喜闻乐见、形式多姿多彩、具有时代风貌的节庆文化活动。不仅让春节、元宵节、清明节、端午节、七夕节、中秋节、重阳节七大传统节日在民俗传承和文化内涵得到了进一步的挖掘和弘扬，也使得诸多沉寂已久、濒临消亡的地域性节庆礼仪或二十四节气习俗等重新回归民众的视野与生活，让各民族群众充分享有传统节日带来的人伦亲情与过节欢愉。中国民协特别注重利用民俗节日，面向群众，面向基层，面向社会，以展览、展示方式，举办大型专题民间文艺活动，在群众游艺活动中，培养对传统节日的情怀，激发对本土文化的热爱。通过传统民俗节日这一特定时间与特定区域人群空间联结在一起，很好地激发和调动了民众对传统节日的记忆，以及他们对民间艺术的热爱。

加强民间文化传承，促进民间文艺创作，中国民协实施了一系列落地举措。其中，"山花奖"的评选，是一种扎根乡土、心系人民、潜心创作、服务社会的引领和示范，通过民间文艺的精品创作、学术研究和发展实践，更好地坚守中华文化立场，传承优秀传统文化，弘扬中国精神，传播中国价值，塑造中国形象，凝聚中国力量；更好地立足当代中国现实，推进优秀传统文化创造性转化与创新性发展；更好地扎根生活、服务人民。中国文联、中国民协共同主办的"中国民间艺术节"迄今已举办11届，展现民间文艺成果，展示地域文化品牌，对弘扬优秀传统文化、丰富群众文化生活、服务区域文化经济发展发挥了积极作用。与此同时，通过命名民间文艺之乡、建立中国民间文化保护与传承基地和研究中心等途径，促进各地培育民间文化品牌，整合民间文化资源，加强民间文化建设。中国民协还在全国各地举办了各种形式的"中国民间工艺传承人培训班"，培养优秀民间工艺传承人，推动民间文化保护传承，促进民间文化产业发展。

新时代，在一系列文化展览和交流活动中，广大民间文艺家坚定文化自信，进一步参与到讲好中国故事、弘扬中国智慧、传播中国精神的文艺创作中来，民间文艺展现了新时代的生活气象和精神。中国民协联合全国各省市自治区及地方民协开展一系列丰富多彩的活动，故事会、秧歌节、山歌展演以及"中国民间工艺品博览会"等异彩纷呈，各地针对不同领域、不同年龄段的专题性传承人培训活动持续开展，使民间文艺在新时代在祖国各地续写生活的史诗，续传匠心文脉。在党的关怀下，民间文艺事业繁荣发展，展现生活风貌，融入时代气息。在"中国精神·中国梦"全国农民画创作展中，广大农民画创作者坚守民间美术特色，突出"农民叙事"风格，书写了变迁中的乡愁记忆，描绘了发展中的乡村风貌，表现了农村田野上的中国梦，产生了积极反响。在上海合作组织青岛峰会的艺术表演中，民间年画、风筝、剪纸作为富有特色的艺术语言，展示了美好的生活画卷。在共庆新中国70华诞的宴会现场，选用陕西民间剪纸纪念品《普天同庆》和山东民间面塑作品《盛世欢歌》作为陈设，寄托了人民群众对中华人民共和国70华诞的美好祝愿。

中国特色社会主义新时代，习近平总书记从中华民族伟大复兴的历史高度对文化发展的重要意义做出深刻阐释，从社会主义文艺的本质与规律出发对"以人民为中心"的文艺发展方向做出部署。新时代，民间文艺传承与发展的文化使命、工作方法、作风理念等提升到了新的高度、新的境界、新的视野。即我们不仅要以回望历史、珍视遗产的视野看待民间文化的传统和艺术，更要以奋斗的生活、人民的需求看待民间文艺的使命和方向；我们不仅要采撷研究民间文艺的精品瑰宝，还要脚踩坚实的大地，接地气，助发展，让民间文艺保持田野的芬芳，维系最真切的乡愁，激荡时代的心声；我们不仅要以艺术的视野看待民间文艺，还要回归人民的生活、社会的发展理解民间文艺。乡村的手艺、节日的歌舞、民间的口头文学等不仅是传统和历史的产物，也将融入新时代的创造，在新时代的文化、经济、生态等领域发挥综合多元的作用。在党的文艺方针指引下，民间文艺步入了新的发展历程，也将如遍野山花，维系乡愁记忆，高扬民族文艺精神，英姿摇曳，生机盎然，迎来新的繁荣。

潘鲁生

2020 年 10 月

中国民间文艺家协会

70 年

【图像志】

目录

第一部分　成立和探索 1950—1966

经过第一次全国文代会召开以来的酝酿筹备，中国民间文艺研究会于1950年3月29日在北京正式成立，并于1958年召开中国民间文艺研究会第二次代表大会，确定"全面搜集、重点整理、大力推广、加强研究"16字工作方针，民间文艺成为社会主义新文艺的报春燕。

- 014　一　学术立会
- 016　　　创会初期的工作
- 034　　　云南民间文学调查
- 038　　　乐亭皮影晋京
- 042　　　西藏民间文学调查
- 046　　　书刊出版
- 056　　　国际学术交流
- 062　二　新民歌运动
- 070　三　三大史诗

第二部分　新时期再出发 1978—2012

第四次全国文代会期间，中国民协召开第三次代表大会，各项工作正式恢复。三十多年间，中国民协先后召开第四、五、六、七、八次代表大会，发起以"三套集成"和"抢救工程"为代表的民间文艺工程，为中华民族筑起"民间文化长城"。

- 094　一　学术活动
- 096　　　全国少数民族民间歌手、诗人座谈会
- 100　　　泰山民间故事调查

104		学术年会及研讨活动
128		国际学术交流
138	二	**中国民间文学三套集成**
164	三	**国际学术合作**
166		中芬三江民间文学联合考察
180		保护中国民间文学遗产项目
186		中日联合江南地区民俗调查
200		保护中国少数民族无形文化遗产·民歌保护行动
204		国际萨满文化学术研讨会
208		国际傩文化学术研讨会
212		中国神话学国际学术研讨会
216	四	**中国民间文化遗产抢救工程**
224		中国木版年画集成
240		中国民间剪纸集成
252		中国民间文化杰出传承人
262		中国唐卡艺术集成
266		中国古村落抢救与保护
272		紧急保护羌族文化遗产
282		中国口头文学遗产数据库
290		苗族英雄史诗《亚鲁王》

第三部分　迈上新征程 2012—2020

党的十八大以来，中国特色社会主义进入新时代。2016年，中国民协召开第九次全国代表大会，民间文艺薪火相传，中国民间文化遗产抢救工程、中国民间文学大系出版工程、中国民间工艺传承传播工程……民间文艺继续承担着新时代中华民族培根铸魂的神圣使命。

298	一	中国唐卡文化档案
312	二	中国传统村落立档调查
326	三	中国民间文学大系出版工程
348	四	中国民间工艺传承传播工程
360	五	协会常项工作
362		山花奖
384		中国民间艺术节
396		我们的节日
410		文艺志愿服务
418		中国民间文艺之乡
424		国际交流合作
432		"一带一路"民间文化探源
436		教育培训
444		期刊阵地
448		机关党的建设工作
459		**附录**
491		**编后记**

中國民間文藝研究會章程

第一條 本會定名為中國民間文藝研究會。

第二條 本會宗旨，在搜集、整理和研究中國民間的文學、藝術，培進對人民的優秀部分的尊重和瞭解，並吸取和發揚它的優秀部分，批判和拋棄它的落後部分，使有助於新民主主義文化的建設。

第三條 本會的主要工作如左：

甲、廣泛的搜集我國現在及過去的一切民間文藝資料，運用科學的觀點和方法加以整理和研究。

乙、刊行、展覽或表演整理、研究的成績，以幫助推行民間文藝的創作、改進與發展。

丙、舉行學術性的座談會及演講會。

丁、協助或發起有關民間文藝的專題報告及討論。

第四條 凡其有左列兩項條件之一，由會員二人的介紹，經本會理事會通過者，得為本會會員：

（1）對文藝具有素養、整理、研究及改進者。

（2）對民間文藝有興趣，定成績者。

乙、凡能供給民間文藝資料者，經許可後，得寫本種會事者，

第六條 會員有繳納會費、及選舉會刊物等權利。

第七條 本會每三年召開會員大會或會的任務為：（1）訂定本會工作檢討及計劃。

第八條 理事會或會員大會開除的處分。

第九條 本會設理事會，理事七人，組織理事會，領導本會下設左列七組：

（1）秘書組（2）民樂組（5）民間戲劇組故事、皮影戲、傀儡組（7）編輯組

第一部分

成立和探索

1950
—
1966

第一部分

探索和改立

1950
—
1966

中国民间文艺家协会（前身为中国民间文艺研究会）成立于1950年，是中国共产党领导下成立的第一个全国性民间文艺研究团体，其源头可以追溯到五四运动后革命的、进步的、人民的文艺运动和文艺团体。

20世纪20年代，在李大钊"到民间去"的倡导下，北京大学成立了"平民讲演团"并创立《歌谣》周刊，一批知识分子纷纷深入农村采集民间文学，以民众的文学创作唤醒民众，积极投入时代斗争洪流。

1930年，"左联"在上海成立，鲁迅提出了文艺要为"工农大众"服务的方向，郭沫若、茅盾、周扬、田汉等广大左翼作家为了促进文学与人民大众相结合，发起了影响深远的文艺大众化运动。

1942年，毛泽东同志发表《在延安文艺座谈会上的讲话》，为中国革命文艺的发展指明了正确方向。一批文艺工作者在陕甘宁边区，晋察冀、东北、苏北广泛收集民歌和民间艺术资料，创作出一大批人民群众喜闻乐见的文艺作品，希冀通过改造旧说书、旧秧歌建立起解放区的新文艺。这一时期的文艺运动，为新中国文艺组织的成立发展奠定了思想基础和人才储备，为党领导的文艺工作积累了宝贵经验。

1949年7月2日至19日，中华全国文学艺术工作者代表大会在北平召开。周恩来总理在大会报告中提出完善组织机构的主张，即"不仅成立一个全国的文学艺术界的联合会……还要分部门成立文学、戏剧、电影、音乐、美术、舞蹈等协会，以便于进行工作，便于训练人才，便于推广，便于改造"。

1950年1月，中国民间文艺研究会（简称中国民研会）进入筹备阶段。1950年3月29日，中国民研会成立大会在北京文化部礼堂召开。郭沫若当选为理事长，老舍、钟敬文为副理事长，选出周扬等50人为理事，大会通过了《中国民间文艺研究会章程》和《征集民间文艺资料办法》。

1958年，全国民间文学工作者大会在北京召开。大会确定的"全面搜集、重点整理、大力推广、加强研究"16字工作方针贯穿民间文艺工作半个多世纪，影响至今。

中国民研会自创立起，率先投入新中国社会主义文化建设中，先后发起了收集整理各民族神话、传说、故事、歌谣、史诗、长诗等工作，发起新民歌运动，培养出大批歌唱社会主义新生活的民间诗人、歌手、故事家以及各民族史诗传唱人，持之以恒地梳理民间文艺发展史，发掘劳动人民的伟大创造，为中华民族培根铸魂。民间文艺是实至名归的社会主义新文艺的报春燕。

酝酿筹备

◆ 1949年7月2日至19日，中华全国文学艺术工作者代表大会（简称第一次全国文代会）在北平召开，中国文学艺术界联合会（简称中国文联）就此成立。紧随其后，中国民研会开始紧锣密鼓地筹备成立。

▲ 图像志　　● 第一部分　　○ 第二部分　　○ 第三部分
　　　　　　　成立和探索 1950—1966　　新时期再出发 1978—2012　　迈上新征程 2012—2020

003

◆ 第一次全国文代会会场

▲ 图像志　　● 第一部分　　○ 第二部分　　○ 第三部分
　　　　　　　成立和探索 1950—1966　　新时期再出发 1978—2012　　迈上新征程 2012—2020

◆ 1949年7月，第一次全国文代会，郭沫若作报告。

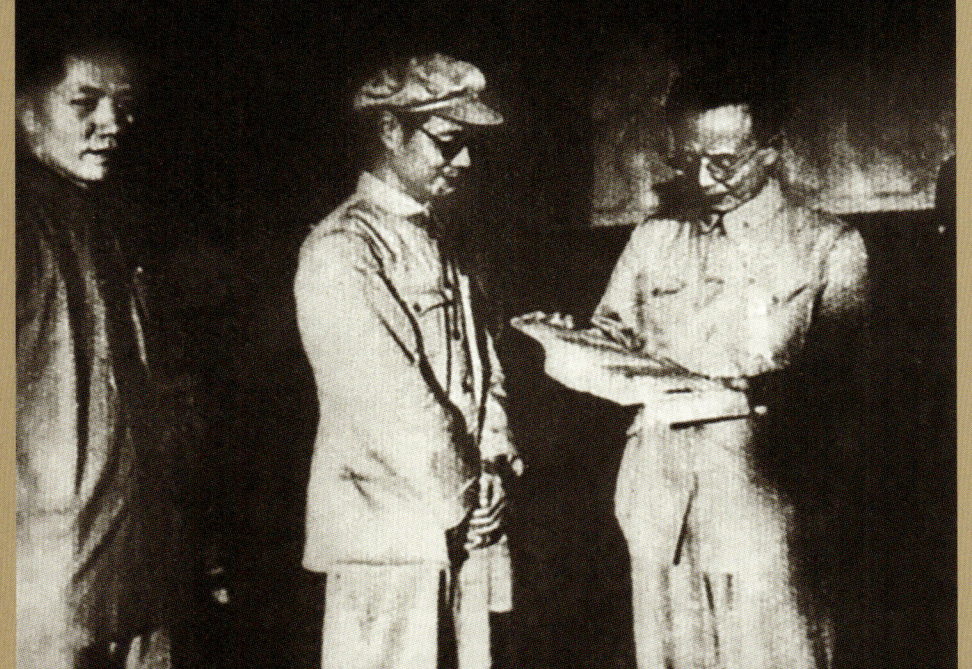

◆ 1949年7月，第一次全国文代会，郭沫若（右）与钟敬文（中）、周扬（左）在一起。

中国民研会
正式成立

郭沫若

老舍

钟敬文

◆ 1950年3月29日，中国民间文艺研究会成立大会在北京召开。郭沫若当选为理事长，老舍、钟敬文当选为副理事长。

图像志　　●第一部分　　　　　　　　　●第二部分　　　　　　　　　●第三部分
　　　　　成立和探索 1950—1966　　　　新时期再出发 1978—2012　　　迈上新征程 2012—2020

◆ 郭沫若、茅盾、老舍、郑振铎在成立大会上讲话。大会通过《中国民间文艺研究会章程》和《征集民间文艺资料办法》，选出正副理事长3人，理事47人。图为《民间文艺集刊》第一期，刊登了成立大会的实况。

中国民研会
第二次代表大会

◆ 1958年7月9日至17日,北京,全国民间文学工作者大会(即中国民研会第二次代表大会)。图为:7月16日,毛泽东主席等党和国家领导人与出席大会的全体代表合影。

▲ 图像志　● 第一部分　○ 第二部分　○ 第三部分
　　　　　　　成立和探索 1950—1966　新时期再出发 1978—2012　迈上新征程 2012—2020

工作者大会全体代表合影 1958.7.16.于北京

郭沫若

周扬

老舍

郑振铎

◆ 本次大会上，郭沫若当选主席，周扬、老舍、郑振铎当选副主席。

▲ 图像志　● 第一部分　○ 第二部分　○ 第三部分
　　　　　　　成立和探索 1950—1966　　新时期再出发 1978—2012　　迈上新征程 2012—2020

◆ 中国民间文学工作者大会会场

◆ 中央代表在小组会上讨论
　大会文件。

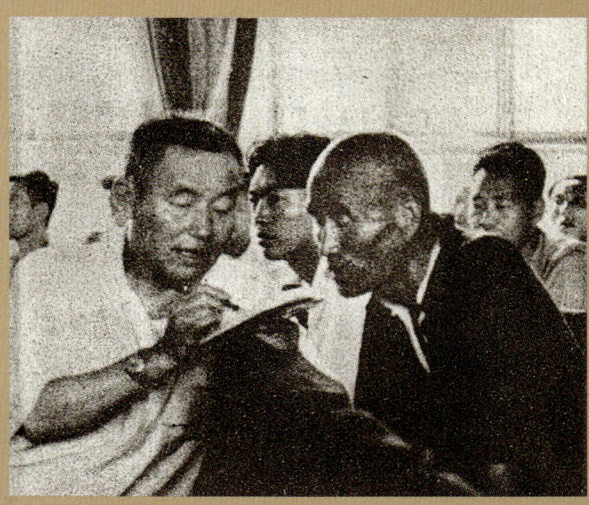

◆ 云南代表徐嘉瑞利用大会空隙记录
　民间诗人王老九的诗作。

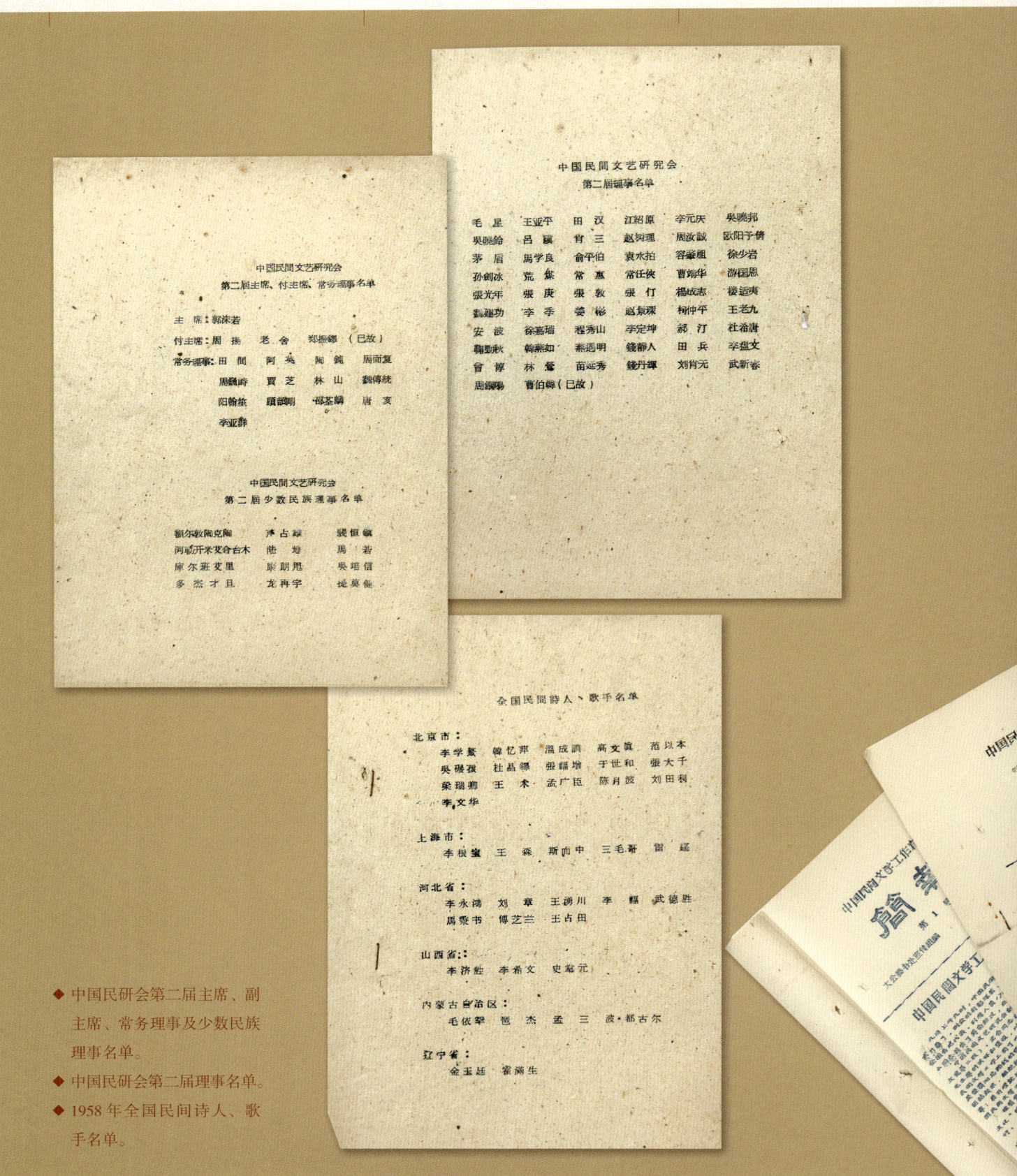

◆ 中国民研会第二届主席、副主席、常务理事及少数民族理事名单。
◆ 中国民研会第二届理事名单。
◆ 1958年全国民间诗人、歌手名单。

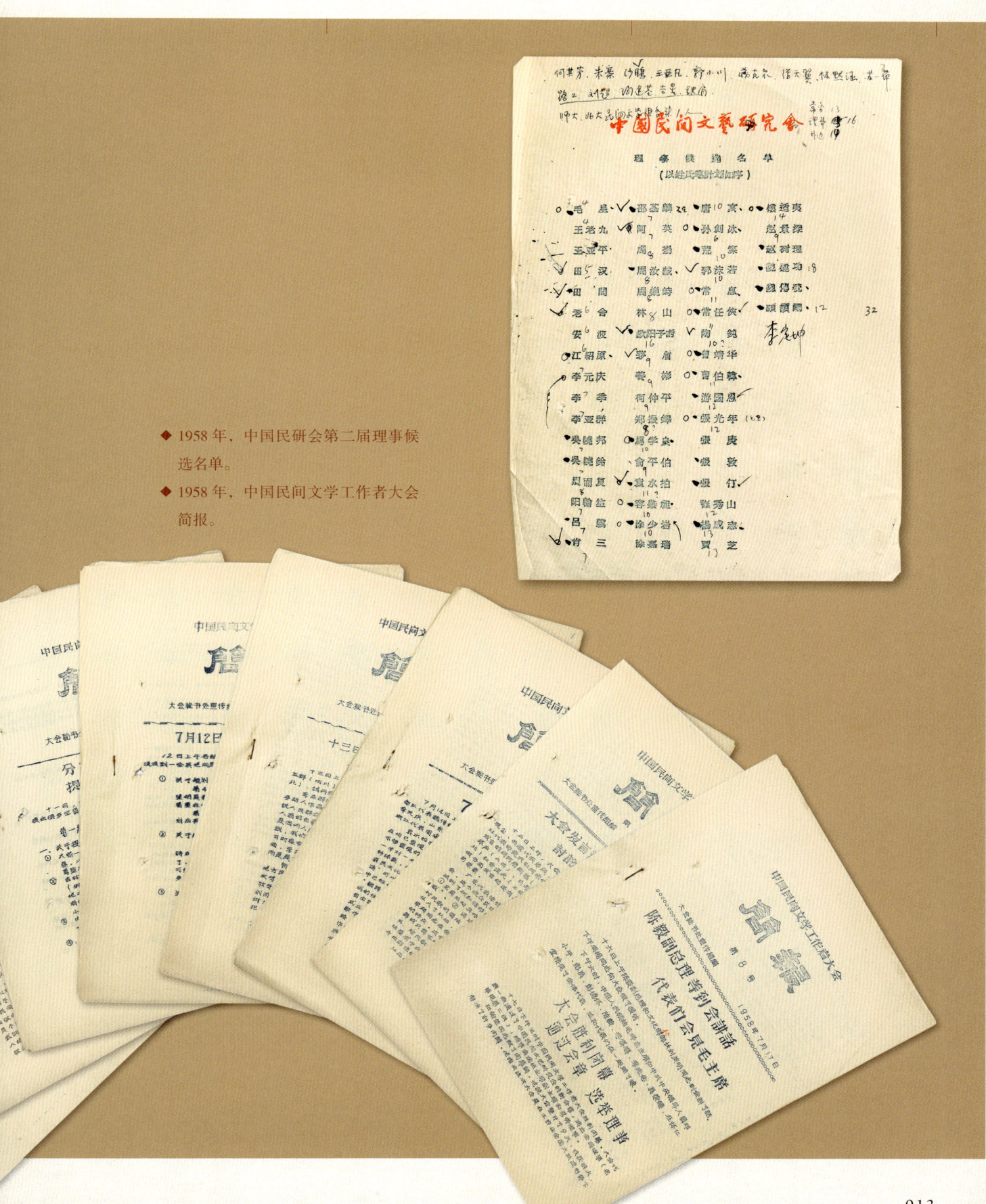

◆ 1958年，中国民研会第二届理事候选名单。
◆ 1958年，中国民间文学工作者大会简报。

一
学术立会

在新中国文化建设奠基之际,中国民研会在郭沫若、周扬、老舍、钟敬文等老一辈领导人和专家的组织领导下,紧密团结起全国民间文艺工作者,积极投身到收集整理研究各民族民间文艺遗产的工作中,承担起为新中国社会主义文化建设创造财富、贡献智慧和力量的使命。

中国民研会秉承和发扬"五四"时期倡导的民间文艺理念、特别是延安文艺大众化实践的传统,坚持民间文艺的人民性,以人民文化的丰富性、真实性、准确性、大众性,为建设和繁荣新中国的文艺事业开源拓路。正如周扬在中国民研会成立大会开幕词中指出的:"成立民间文艺研究会,是为了接受中国过去的民间文艺遗产……今后通过对中国民间文艺的采集、整理、分析、批判、研究,为新中国新文化创作出更优秀的更丰富的民间文艺作品来。"

成立大会通过的《征集民间文艺资料办法》,明确了新中国民间文艺事业的人文理念、科学方法、发展路径,为在全国范围内开展民间文艺活动定下基调和规范。以此为起点,民间文艺的采集更加强调科学性、全国性和全面性,全民动员、全民参与,并顺势成为席卷全国的全民性民歌搜集与创作运动,民间文艺作品呈现出"百花齐放"的良好局面。在其后的各个历史阶段,中国民研会的工作始终如一地沿着学术立会的目标推进延展,采集、整理、出版、研究工作的成果层出不穷,蔚为壮观。

创会初期的工作

中国民研会创立之初，第一届理事会围绕"广泛地搜集我国现在及过去的一切民间文艺资料，运用科学的观点和方法加以整理和研究"这一根本任务，分别制订了五年、十年工作规划。

1950年至1951年，中国民研会编辑出版了《民间文艺集刊》（1~3册）。

1955年3月，中国民研会正式成为中国文联团体会员。

1955年4月，创办《民间文学》，这是当时全国唯一刊载民间文学搜集整理作品和研究民间文艺的刊物。

作为有计划地组织各民族民间文学搜集和调查的尝试，"云南民间文学调查""乐亭皮影调查及晋京演出""西藏民间文学调查采风"等学术活动及其成果，在中国民研会初创时期具有开拓性和代表性的双重意义，对新中国民间文学搜集和研究产生了重要的影响。这一时期，出版了《中国出了个毛泽东》《陕北民歌选》《信天游选》《嘎达梅林》《阿细人的歌》《东蒙民歌选》《爬山歌选》《茅山歌》《阿诗玛》《大别山老根据地歌谣选》等民间文艺作品，随后，各地歌谣集、民间故事等丛书相继面世。

图像志　● 第一部分　　　　○ 第二部分　　　　○ 第三部分
　　　　　 成立和探索 1950—1966　新时期再出发 1978—2012　迈上新征程 2012—2020

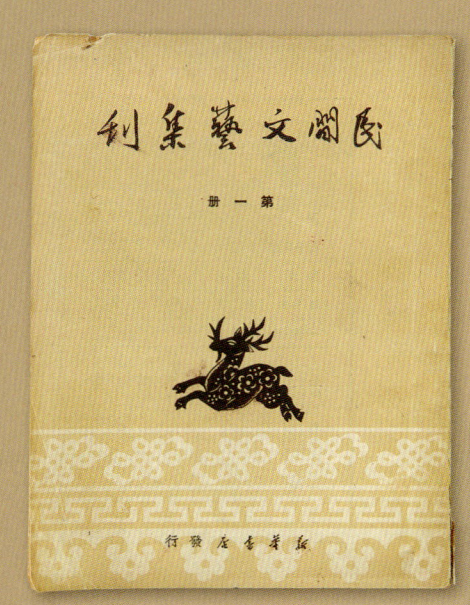

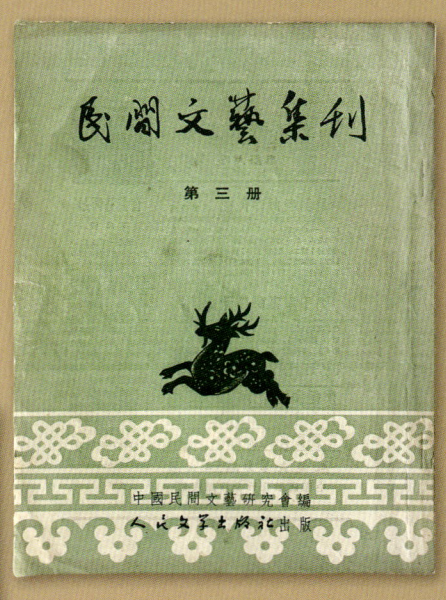

◆《民间文艺集刊》（第一册），中国民间文艺研究会编，新华书店发行，1950年11月。

◆《民间文艺集刊》（第二册），中国民间文艺研究会编，人民文学出版社，1951年5月。

◆《民间文艺集刊》（第三册），中国民间文艺研究会编，人民文学出版社，1951年9月。

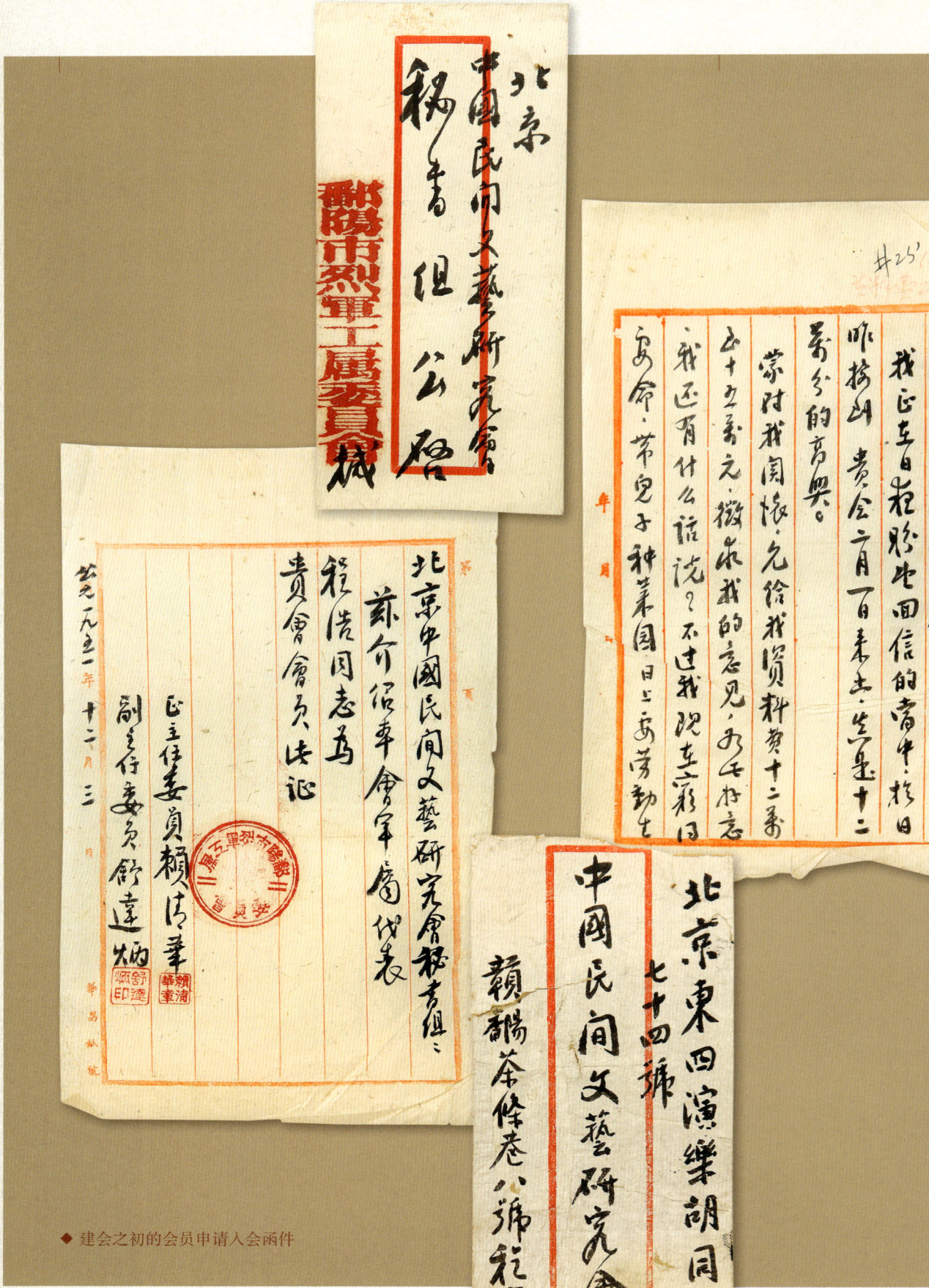

◆ 建会之初的会员申请入会函件

| 图像志 | ● 第一部分
成立和探索 1950—1966 | ○ 第二部分
新时期再出发 1978—2012 | ○ 第三部分
迈上新征程 2012—2020 |

◆ 1955年3月，中国民研会作为团体会员加入中国文联。图为中国文联批复的文件。

◆ 1955年4月23日，《民间文学》创刊。由钟敬文、贾芝、陶钝（以上为常务编委）、阿英、王亚平、毛星、孙剑冰、汪曾祺组成编委会，负责编辑事宜。上图为《民间文学》（创刊号）；下左为1958年6月号，古元设计封面；下右为1959年1月号，黄永玉设计封面。

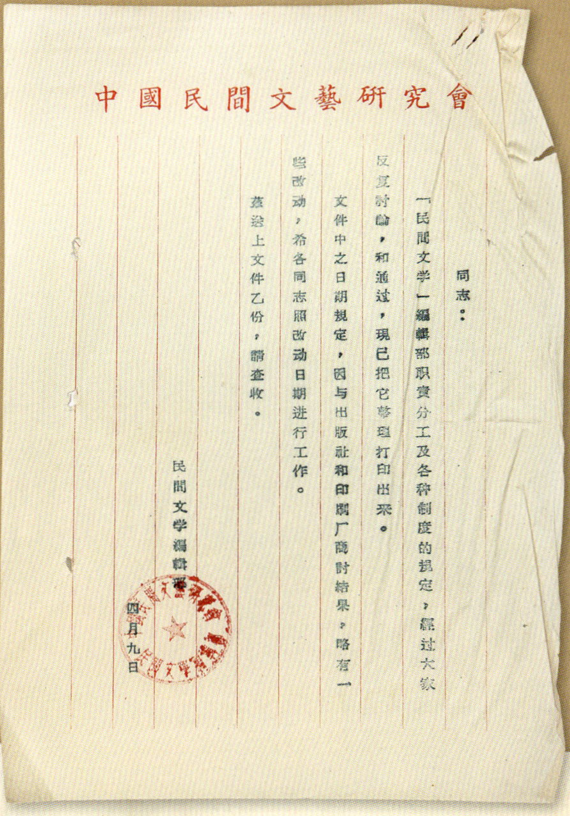

图像志　● 第一部分　　○ 第二部分　　○ 第三部分
成立和探索 1950—1966　　新时期再出发 1978—2012　　迈上新征程 2012—2020

◆ 1955年4月,《民间文学》编辑部下发分工制度通知,下图为部分职责分工和制度规定。

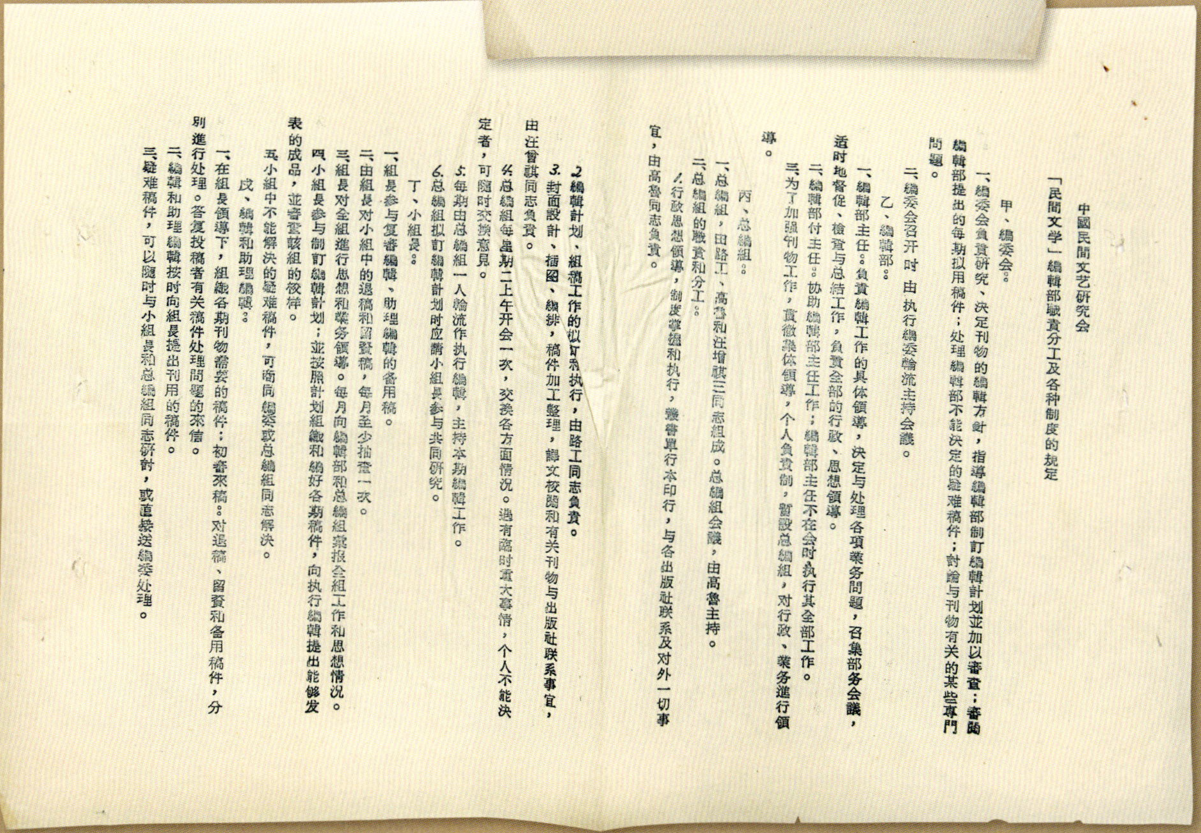

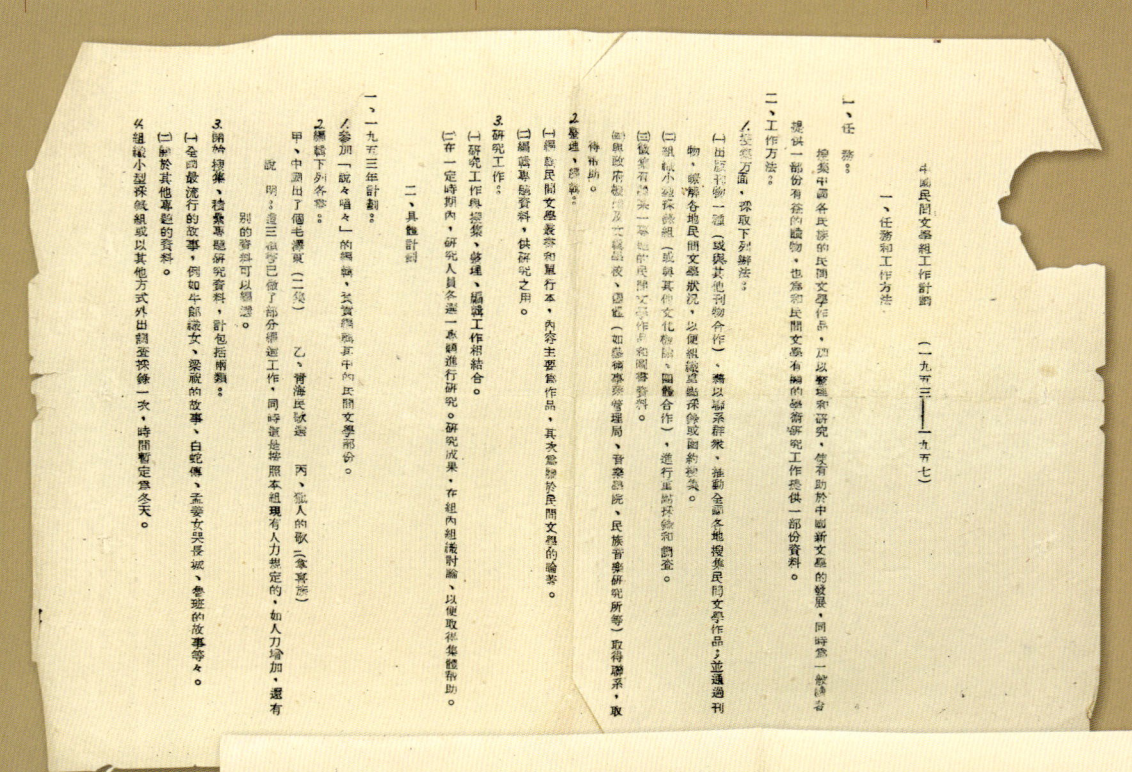

◆ 中国民研会1953年至1957年工作计划。
◆ 1956年4月，中国民研会远景规划草案。

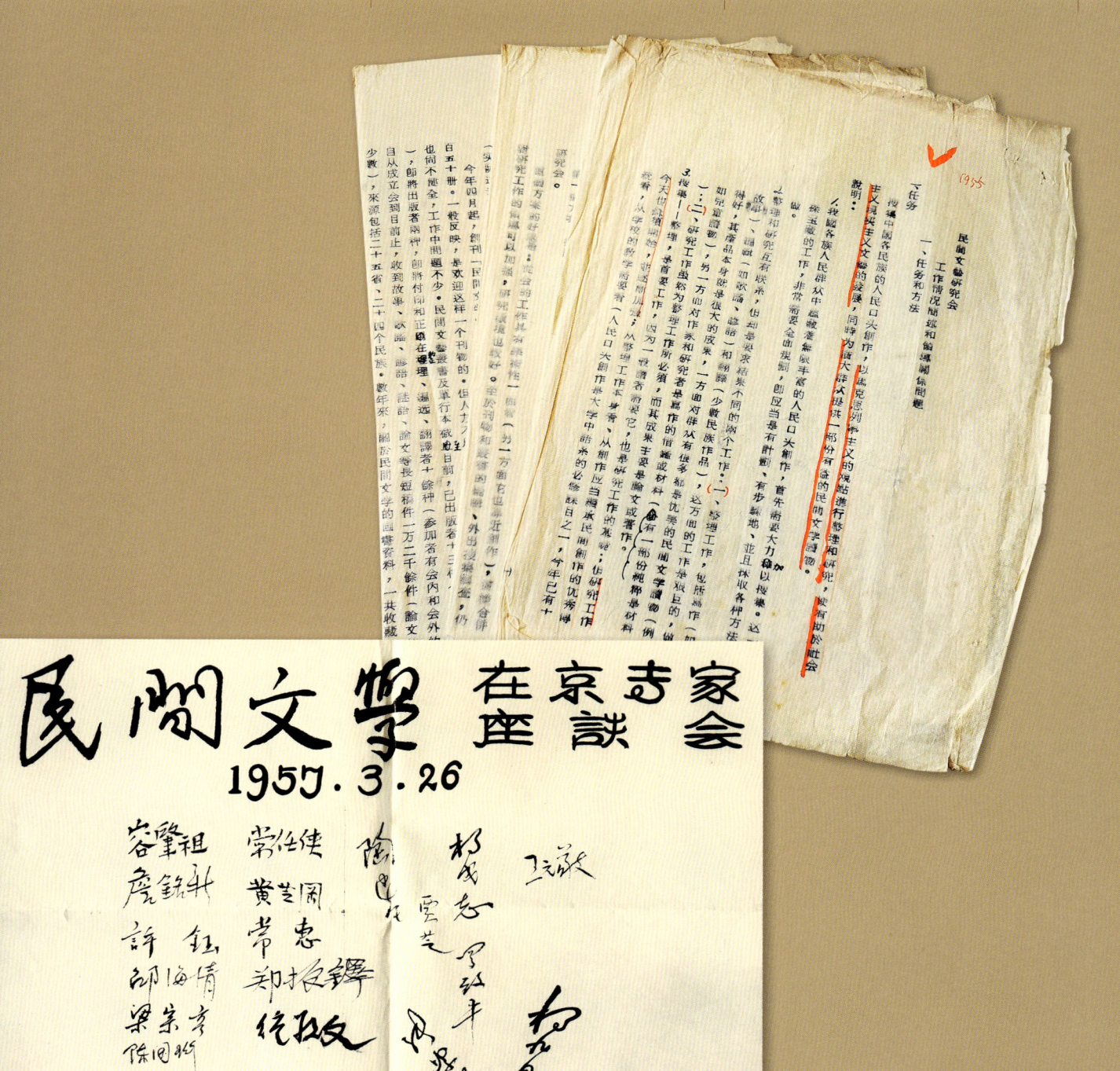

◆ 1955年，中国民研会工作情况简述。

◆ 1957年3月26日，中国民研会召开贯彻"百花齐放、百家争鸣"方针会议。图为在京民间文学专家出席座谈会签到本。

◆ 1958年，全国民间文学八年规划要点（草案）。

◆ 1959年，国庆十周年献礼丛书编选计划。

| 图像志 | 第一部分 成立和探索 1950—1966 | 第二部分 新时期再出发 1978—2012 | 第三部分 迈上新征程 2012—2020 |

◆ 1961年3月1日，顾颉刚写给林山关于民间故事整理的建议及借阅资料的信函。

◆ 1962年，中国民研会关于少数民族文学工作的三个计划（草案）。

关于少数民族文学工作的三个计划（草案）

从1958年起，我国少数民族聚居的省、市、自治区，为完成"三选一史"，开始有计划、有步骤地开展本地少数民族的文学调查和研究工作。迄今两年多来，从发掘整理作品到编写各民族的文学史和文学概况，业已取得显著成绩。使这一新的工作领域展现出广阔前景。

为了争取在较短的时间内把我国少数民族的巨大的文学遗产尽快地、全面地搜集和保存下来，为了使各民族劳动人民的各种优秀创作得以发扬光大，借以鼓舞各民族的创造自信心，增强祖国大家庭中的各民族的团结一致，为了探讨各民族文学的特点和成就，使我国社会主义和共产主义的新文艺在各民族传统文化的土壤上蓬勃发展，并且使有关科学研究工作者能从口头文学这个宝藏里取得珍贵的资料，我们决定出版一套中国少数民族文学史和文学概况，同时出版各兄弟民族文学资料汇编和作品选集。在今后五年内，各有关省、市、自治区应以少数民族文学史和文学概况的编写工作为纲，继续有计划、有步骤地组织、或协同其它有关省、区组织本地区的民族文学普查。不仅要做好"三选一史"的工作，并且通过这些工作为写一部包括各兄弟民族文学的《中国文学史》准备条件，同时从长远观点来看，也将为建立今后我国各民族的文学研究工作打下巩固的基础。为此，他特制订以下三个工作计划：

一、中国各少数民族文学史和文学概况编写出版计划；
二、中国各少数民族文学资料汇编编辑出版计划；
三、中国各少数民族文学作品整理、翻译、选编和出版计划。

中国各少数民族文学史和文学概况编写出版计划

一、编写各少数民族文学史和文学概况的基本要求：
1.材料丰富，叙述力求客观、准确。
2.对各种文学现象的说明和分析力求符合马克思主义。
3.经过调查研究，凡社会历史和文学历史的发展脉络均比较清楚者，写文学史；条件不具备者，写文学概况。
4.根据实际情况，即写出本民族文学的特点，又写出各民族之间的相互影响。
5.体例统一，文字精练。

二、各少数民族文学史和文学概况的共同的体例：
1.内容范围：
(1) 叙述各民族的文学现象时，需要适当地介绍本民族的社会历史、一般文化艺术和民族风俗习惯；分析这些文学现象时，不仅要指出它们和经济基础的关系，还应说明它们和其它上层建筑（政治、哲

中国民间文艺家协会
70 年

◢ 图像志　　● 第一部分　　○ 第二部分　　○ 第三部分
　　　　　　　成立和探索 1950—1966　　新时期再出发 1978—2012　　迈上新征程 2012—2020

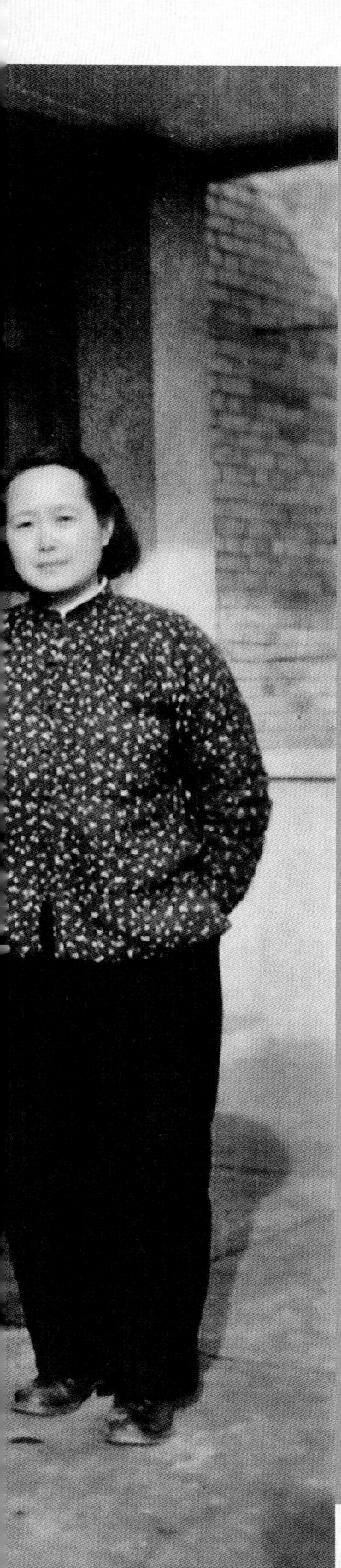

◆ 1957 年至 1958 年，中国民研会工作人员合影。图中人物：李树心（左二）、牟决鸣（左三）、周婧立（左四）、汪曾祺（左五）、王一奇（右三）、黄勤（右二）、铁肩（右一）。

027

◆ 1961年秋，北京，中国民研会阮爱芹、刘锡诚、牟钟秀、吉星、杨亮才（从左至右）。

◆ 1961年秋，北京，中国民研会吉星、阮爱芹、牟钟秀（从左至右）。

◆ 20世纪50年代末,中国民研会阮爱芹、吉星、李星华合影(从左至右)。

◆ 1963年,北京,中国民研会吉星、刘超与饶兴义(从左至右)合影。三人曾是冀鲁豫边区文工团的同事。

◆ 1960年8月4日，中国民研会扩大理事会全体代表合影。

▲ 图像志　● 第一部分　○ 第二部分　○ 第三部分
　　　　　　　成立和探索 1950—1966　　新时期再出发 1978—2012　　迈上新征程 2012—2020

◆ 本次扩大理事会上通过的中国民研会会章。

031

◆ 1961年10月，北京，颐和园听鹂馆，中国民研会干部与五四时代民间文学界专家。

上图左起：魏建功、江绍原、顾颉刚、常惠、容肇祖、杨成志。

下图第一排左起：魏建功、江绍原、顾颉刚、常惠、容肇祖、阮爱芹；第二排左起：牟钟秀、贾芝、孙剑冰、陶建基、杨成志、刘超、刘锡诚、杨亮才、吉星。

▲ 图像志　　●第一部分　　　　　○第二部分　　　　　○第三部分
　　　　　　　成立和探索 1950—1966　　新时期再出发 1978—2012　　迈上新征程 2012—2020

◆ 1965 年，中国民研会部分驻会人员合影。第一排左起：王雪明、阮爱芹、贾芝、潜明兹；第二排左起：张文、牟钟秀、杨亮才、张帆、张鲁；第三排左起：陈建瑜、贺嘉、陶建基、吉星；第四排左起：刘锡诚、董森。

云南民间文学调查

1956年9月至11月,为了摸索和总结民间文学调查采录经验,中国民研会和中国科学院文学研究所分别派员组成云南民间文学调查组,毛星、陶阳、李星华、刘超、孙剑冰、青林6人分赴云南大理、丽江,对白族、纳西族民间文学进行历时3个月的调查采录。调查采录成果编成《白族民歌集》(杨亮才、陶阳记录整理)、《白族民间故事传说集》(李星华记录整理)、《纳西族的歌》(刘超记录整理),由人民文学出版社出版。此次调查工作及其成果的出版,对当时全国民间文学的收集整理起到了不可忽视的推动作用,特别是促进了少数民族民间文学事业的兴起。同年,中国作家协会昆明分会组织3个调查组,分赴云南红河、大理、思茅、丽江等地,对傣、白、彝、纳西、哈尼等民族的文学状况进行调查。云南省民族民间文学工作会议在昆明召开,会议强调"摆在目前的一个急迫的任务,乃是抢救各民族的民间文化遗产",首次提出"抢救民间文化遗产"的口号。自此,中国民研会和全国各省区市的民间文艺工作全面有序地开展起来。

▲ 图像志　　● 第一部分　　○ 第二部分　　○ 第三部分
　　　　　　　　成立和探索 1950—1966　　新时期再出发 1978—2012　　迈上新征程 2012—2020

◆ 1956 年 8 月 31 日，北京，调查组出发时在火车站合影，右起：李星华、陶阳、青林、毛星、孙剑冰、刘超。

◆ 1956 年，云南丽江，调查组与丽江地委同志合影，右起：和顺莲、和芳、和贵立、孙剑冰、木丽春、牛相奎。

035

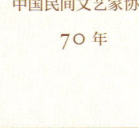

◆ 1956年，云南昆明，青林（后排右一）、刘超（后排右三）、毛星（后排右四）、孙剑冰（后排右六）、李星华（中排左二）、陶阳（中排右一）。

▲ 图像志　　● 第一部分　　　　　　　　○ 第二部分　　　　　　　　○ 第三部分
　　　　　　　 成立和探索 1950—1966　　　新时期再出发 1978—2012　　迈上新征程 2012—2020

◆ 1959年，孙剑冰（右二）、和志武（纳西族，右一）与中央民族学院语文系师生在丽江民委合影。

◆ 1956年，云南丽江，牛相奎、孙剑冰（右）。

037

乐亭皮影晋京

1961年12月下旬，中国民研会派李星华、董森和刘锡诚一行到河北乐亭采风，他们在采风汇报中详细介绍了乐亭皮影、大鼓的艺术特色以及在民间演出时受欢迎的真实情况。乐亭是李大钊的故乡，他曾为影班编写影卷《安仲根刺伊藤博文》。1963年元宵节期间，应中国民研会邀请，乐亭县组成皮影晋京演出团。2月5日至18日，演出团在京活动14天，先后在文联礼堂、新侨饭店、政协礼堂演出6场。演出的节目有《柳毅传书》《白蛇传》《汴梁图》《火焰山》《乾坤带》《盘丝洞》《保龙山救驾》《力杀四门》8个传统节目和新节目《刘胡兰》。郭沫若、周扬、阳翰笙、钟敬文等观看了演出，高度评价了乐亭皮影的艺术成就。钟敬文对乐亭皮影抱有浓厚的兴趣，连续两个晚上看了演出，在《民间文学》杂志上发表了题为《看了乐亭皮影戏以后》7000多字的长文。

◆ 1963年2月16日，贾芝、李星华、牟决鸣、董森、黄勤等陪同乐亭皮影团畅游颐和园。

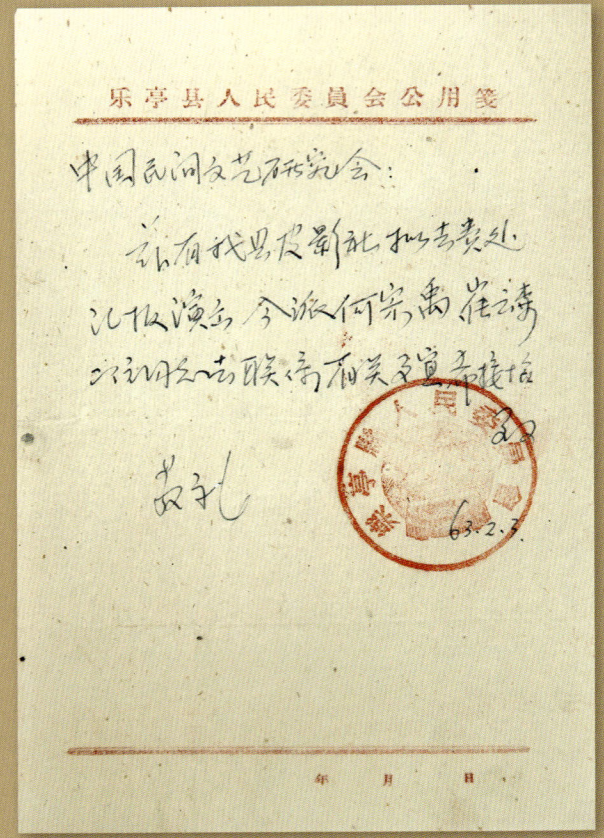

◆ 1963年2月3日，乐亭县人民委员会就乐亭皮影晋京汇报演出致中国民研会的函。
◆ 中国民研会关于乐亭皮影戏晋京演出的计划。

| 图像志 | 第一部分
成立和探索 1950—1966 | 第二部分
新时期再出发 1978—2012 | 第三部分
迈上新征程 2012—2020 |

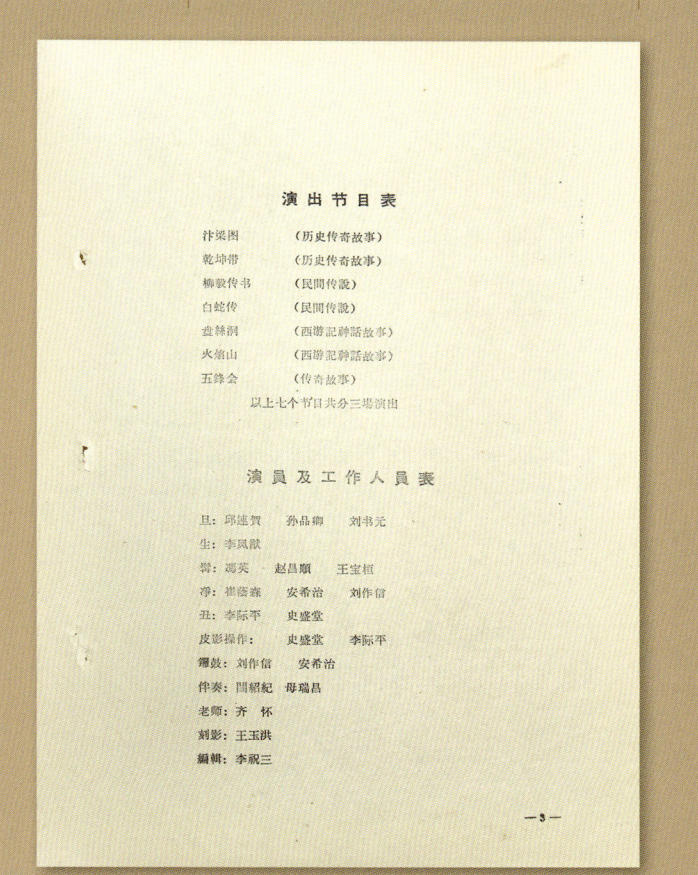

◆ 乐亭皮影晋京演出节目表
◆ 乐亭皮影座谈会参会嘉宾签到簿

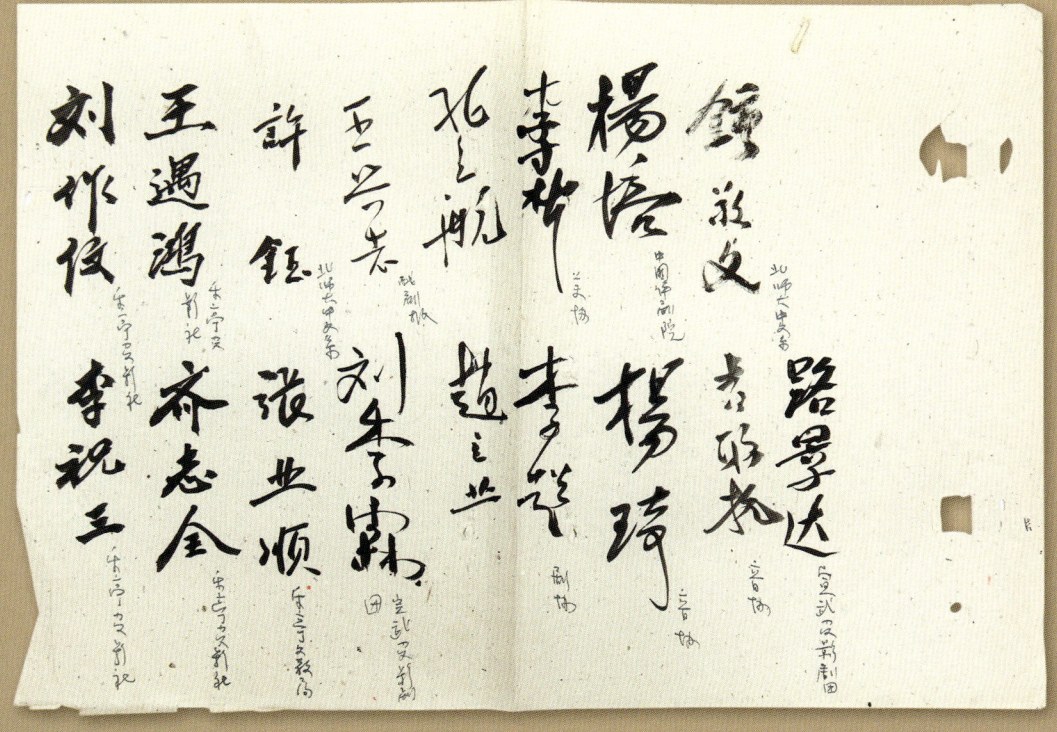

西藏民间文学调查

1965年9月1日至9日，西藏自治区第一届人民代表大会在拉萨召开，正式宣告西藏自治区成立，这是继西藏和平解放、实行民主改革后的又一历史性跨越。当年9月至10月间，中国民研会专门指派刘锡诚、董森到西藏进行民间文学的调查和采风工作，见证和记录了这一历史性的时刻，在我国民间文学史上写下了浓墨重彩的一笔。从拉萨到日喀则，从萨迦远赴错那，他们聘请藏语翻译对当地群众演唱和口述的流行民歌进行现场口译，并用藏文记录下来，晚上再和翻译一起译成汉文。民歌内容广泛，感情真挚，涉及歌唱西藏自治区成立、歌颂山川、自然、家乡等主题，迸发出生活在新中国的藏族群众内心深处的喜悦。调查人员对搜集到的藏族民歌进行了精心挑选，以《西藏藏族民歌》为题发表在1965年的《民间文学》杂志上，此外还有许多未发表的民歌原始记录稿。这次民间文学田野调查，除了藏文记录稿和汉文翻译稿外，还有大量的照片，记录了西藏的民俗生活和调查采风的工作现场。

▲ 图像志　　● 第一部分　　○ 第二部分　　○ 第三部分
　　　　　　　　成立和探索 1950—1966　　新时期再出发 1978—2012　　迈上新征程 2012—2020

◆ 在藏语翻译的帮助下，调查人员向藏族群众调查采录民间文学。

◆ 1965年9月17日，西藏萨迦，刘锡诚（左）和藏族歌手本巴扎西。

◆ 1965年9月18日，刘锡诚在西藏萨迦拉孜。

◆ 1965年，董森赴西藏采风期间在布达拉宫前留影。

书刊出版

为推动民间文艺工作的发展，中国民研会在出版方面首先延续了"五四"时期的传统，即创办刊物来征集民间文学作品、发表理论研究文章。1950年，创办了《民间文艺集刊》，这份不定期刊物共出版了3期。1955年，创办了《民间文学》月刊，这份刊物直到今天还坚守在民间文学的阵地上。随着民间文学搜集工作的深入和成果的丰富，制订规划，编辑出版各类专集、选本和丛书变得日益重要。最早出版的有《东蒙民歌选》《中国出了个毛泽东》。陆续编入丛书的有《阿细人的歌》《爬山歌选》《青海民歌选》《嘎达梅林》《陕北民歌选》《信天游选》《茅山歌》《大别山老根据地歌谣选》《洪古尔》等。为了向新中国成立10周年献礼，中国民研会成立献礼办公室，主持实施了一系列大规模的编辑出版工作，包括"中国各地民间故事集丛书""中国各地歌谣集丛书""中国民间叙事诗丛书"以及经过调整的"中国民间文学丛书"等。一些重要的出版规划、合同、信函以及目录得以保存至今，从中也可以看到，从那时起，中国民研会就有意识地按照"全面搜集、重点整理、大力推广、加强研究"方针，进行民间文学的调查采集，并转化为出版成果。这些成果丰富了当代文学史，为后世留下了一笔珍贵的民间文学遗产。

▲ 图像志　　● 第一部分　成立和探索 1950—1966　　○ 第二部分　新时期再出发 1978—2012　　○ 第三部分　迈上新征程 2012—2020

◆《嘎达梅林》，中国民间文艺研究会主编、陈清漳等译，海燕书店刊行，1951年。

◆《阿细人的歌》，中国民间文艺研究会主编、光未然整理，人民文学出版社，1953年。

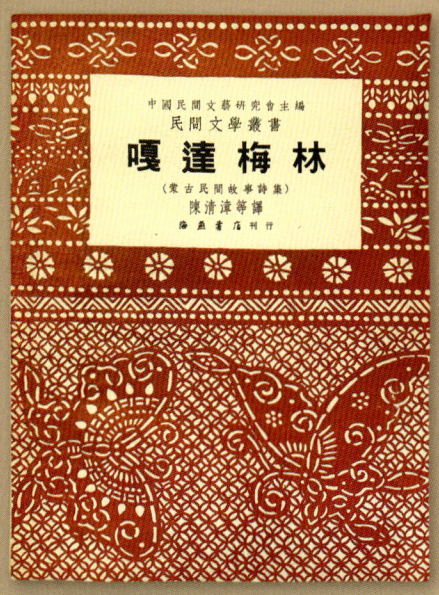

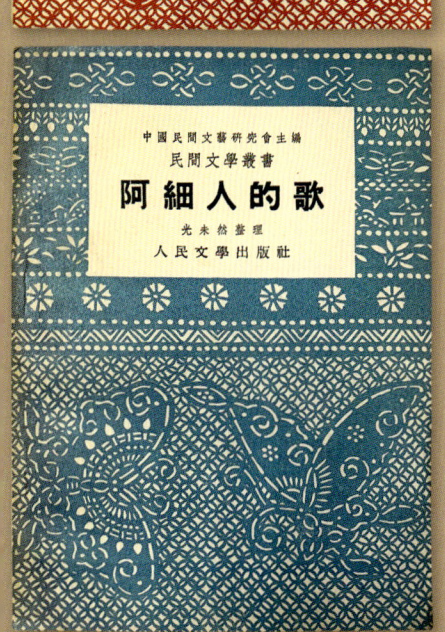

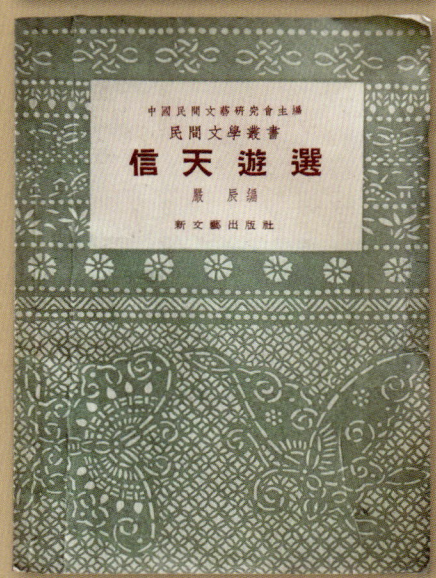

◆《阿诗玛》，中国民间文艺研究会主编、黄铁等整理，人民文学出版社，1955年。

◆《茅山歌》，中国民间文艺研究会主编、高泽编，作家出版社，1957年。

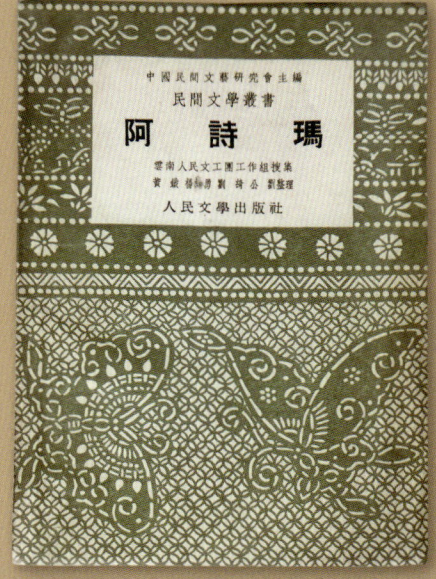

◆《爬山歌选》，中国民间文艺研究会主编、韩燕如编，人民文学出版社，1953年。

◆《信天游选》，中国民间文艺研究会主编、严辰编，新文艺出版社，1954年。

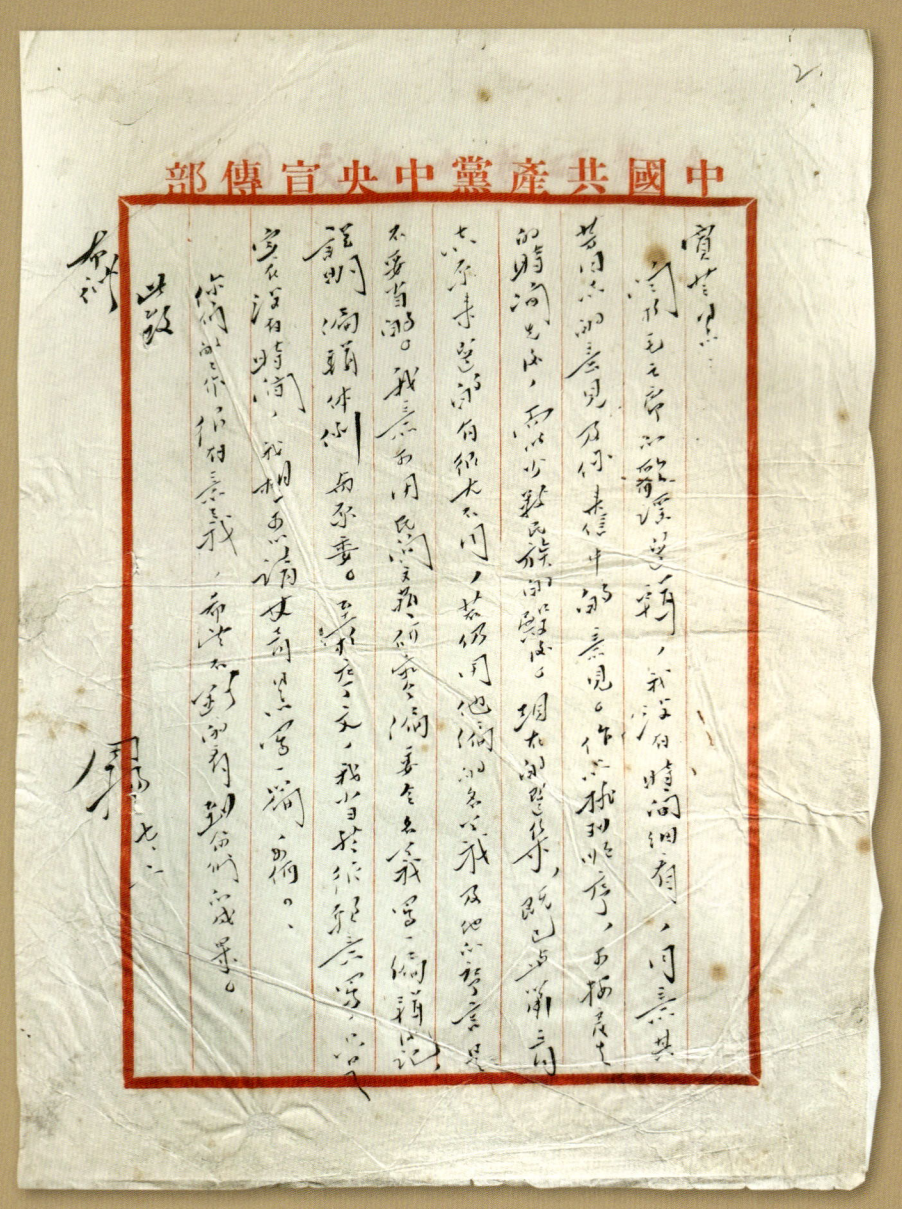

◆ 1951年7月2日，周扬写给贾芝关于毛主席的歌谣选辑的信函，建议"可用民间文艺研究会编委会名义写一编辑手记说明编辑体例与原委"，并表示"你们的工作很有意义，希望不断的看到你们的成果"。

| 图像志 | ● 第一部分 成立和探索 1950—1966 | ○ 第二部分 新时期再出发 1978—2012 | ○ 第三部分 迈上新征程 2012—2020 |

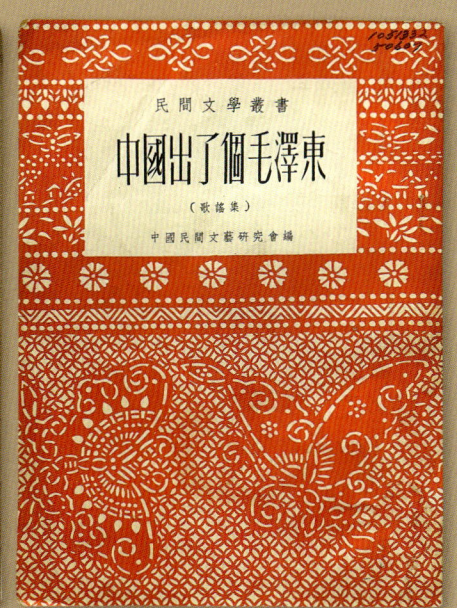

◆《中国出了个毛泽东（歌谣集）》，中国民间文艺研究会编，人民文学出版社，1951年10月。左图为精装本，右图为平装本。

◆ 1955年，中国民研会与人民文学出版社的函件，谈及《中国出了个毛泽东（歌谣集）》的重印等事项，此书自初版之后多次加印。

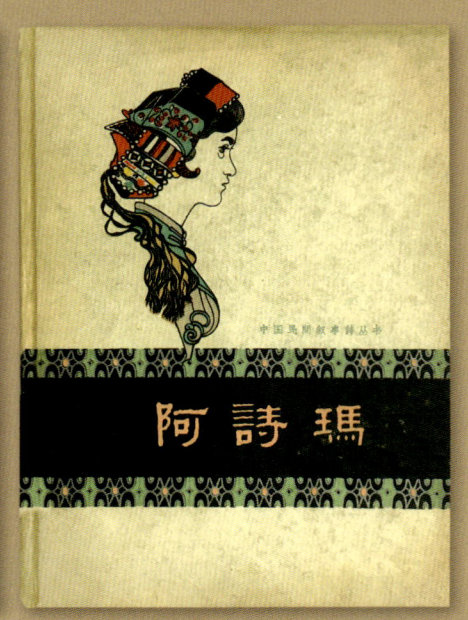
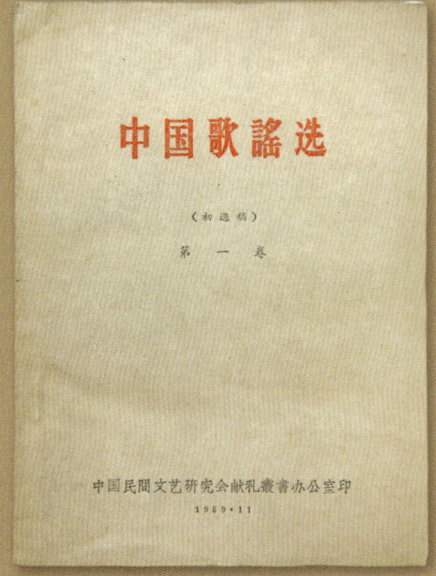
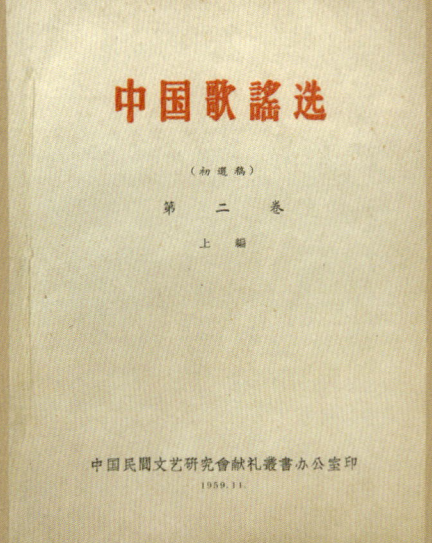

◆《苏联民间文学论文集》，中国民间文艺研究会编，作家出版社出版，1958年。

◆《中国歌谣选》（初选稿）第一卷，中国民间文艺研究会献礼丛书办公室印，1959年11月。

◆《阿诗玛》（中国民间叙事诗丛书），中国民间文艺研究会主编，人民文学出版社，1960年。

◆《中国歌谣选》（初选稿）第二卷，上编，中国民间文艺研究会献礼丛书办公室印，1959年11月。

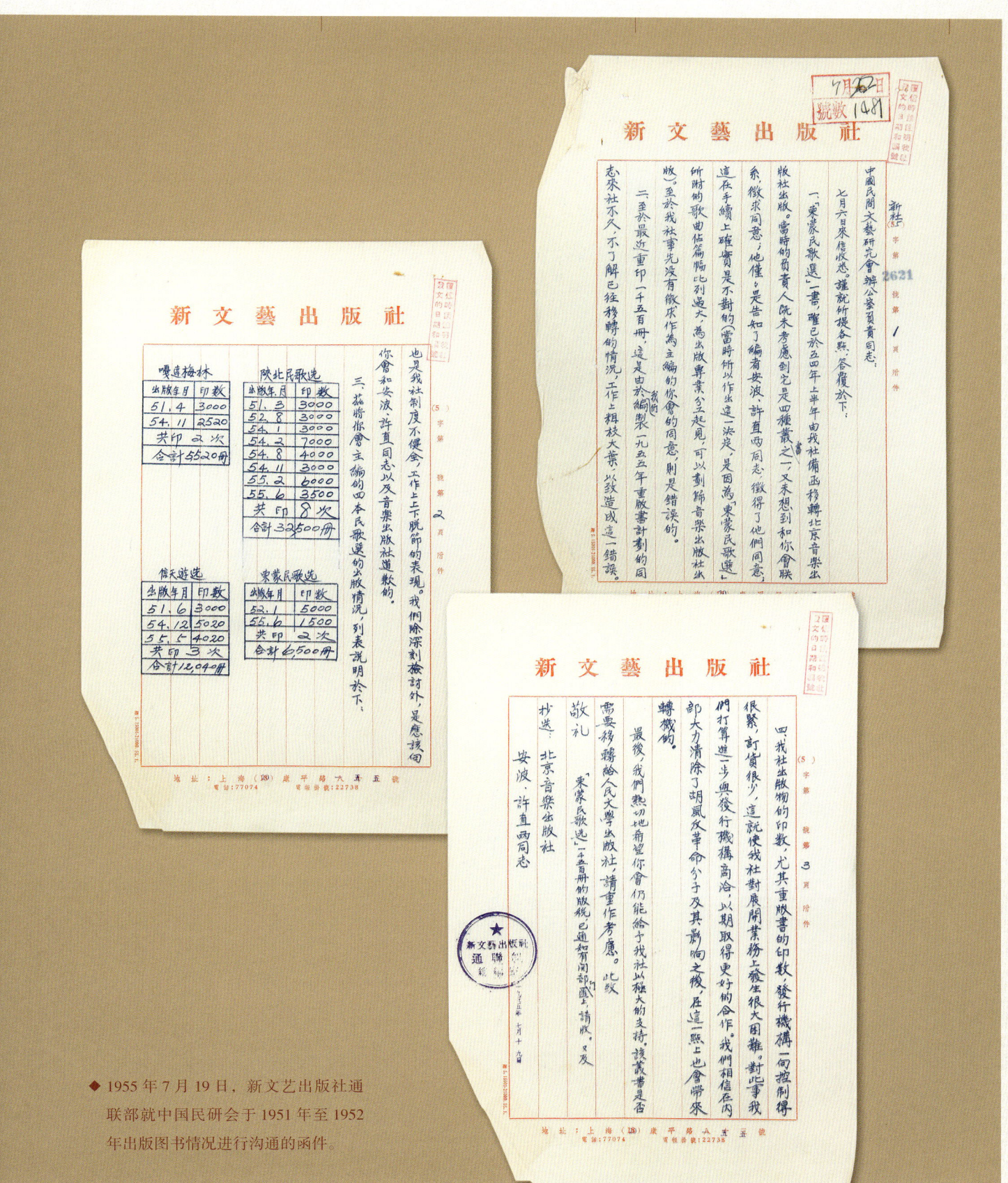

◆ 1955年7月19日，新文艺出版社通联部就中国民研会于1951年至1952年出版图书情况进行沟通的函件。

◆ 1958年1月6日，中国民研会和作家出版社关于出版《大别山老根据地歌谣选》的函件以及出版合同。

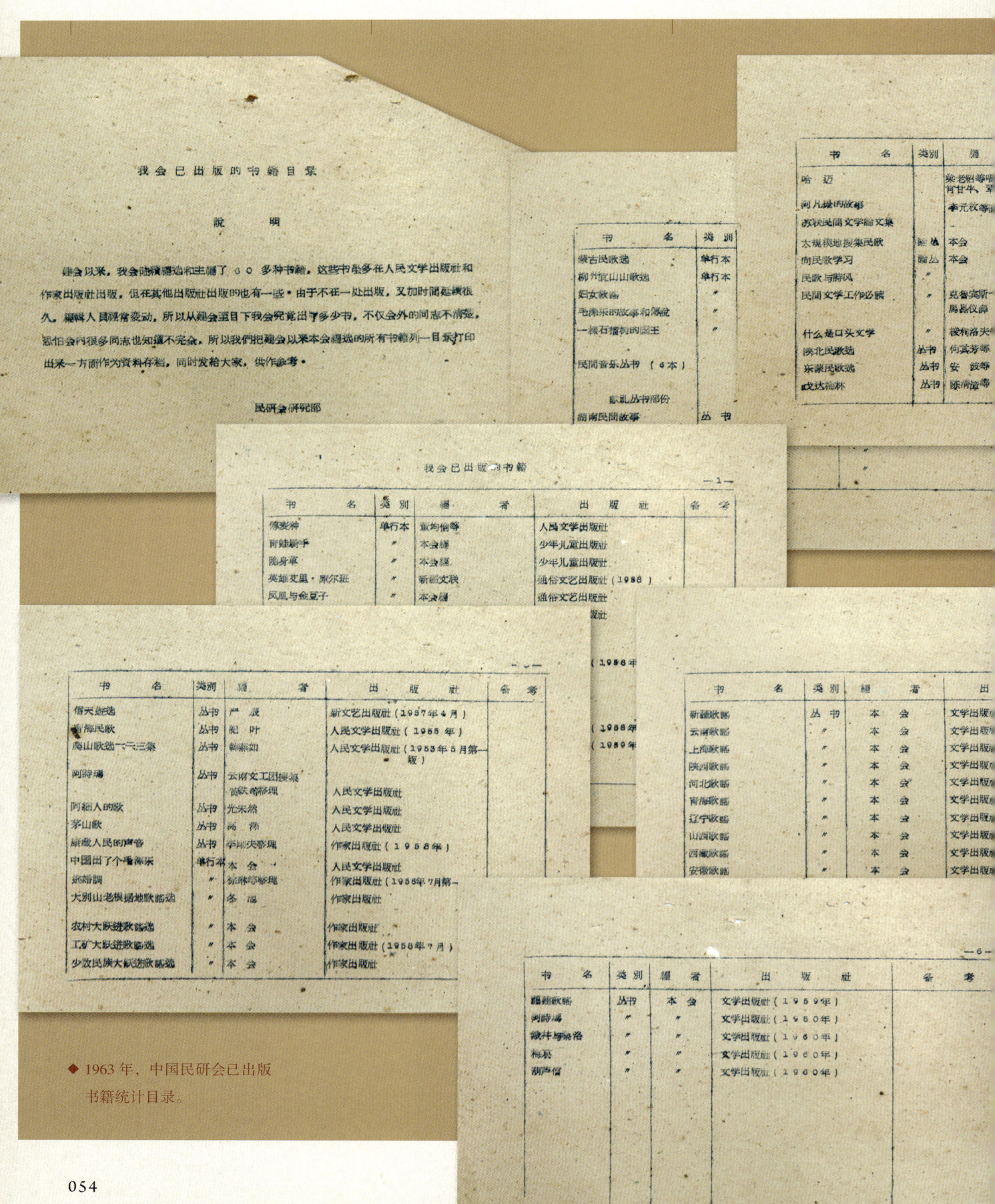

◆ 1963年，中国民研会已出版书籍统计目录。

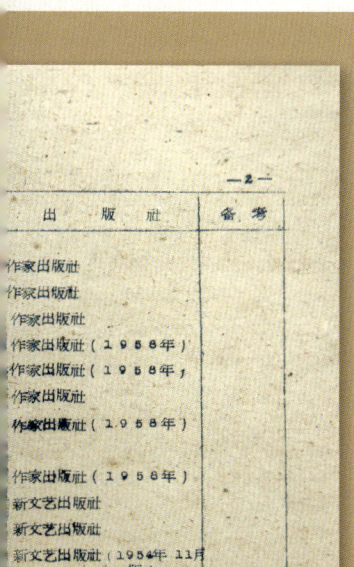

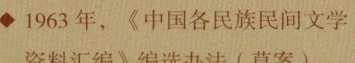

◆ 1963年,《中国各民族民间文学资料汇编》编选办法(草案)。

国际学术交流

20世纪五六十年代,马克思主义经典作家和苏联的民间文学理论是这一时期的学术主流。中国民研会的《民间文艺集刊》和《民间文学》杂志刊发了诸多马克思主义经典作家以及其他苏联学者的研究文章,使我国民间文艺工作者有机会学习苏联学者关于民间文学的优秀理论。这种交流学习在一定程度上推动了国内民间文艺的学术发展。当时民间文艺领域的对外交流也带有一定的时代局限性,对西方民间文学界及其民间文学研究最新理论的深入了解、交流、借鉴,还有待于下一个时期的开拓。与此同时,我国民间文学工作所取得的显著成绩,也引起了国外学界的浓厚兴趣。从保存下来的民研会对外文化交流档案中可以看到,苏联科研机构和学者致函中国民研会,希望了解谚语等相关情况,并拟翻译出版;英籍专家也对《阿诗玛》的整理提出相关意见;国务院批准的可以对外贸易出口、对外赠送交换的报刊目录也包括了《民间文学》月刊。

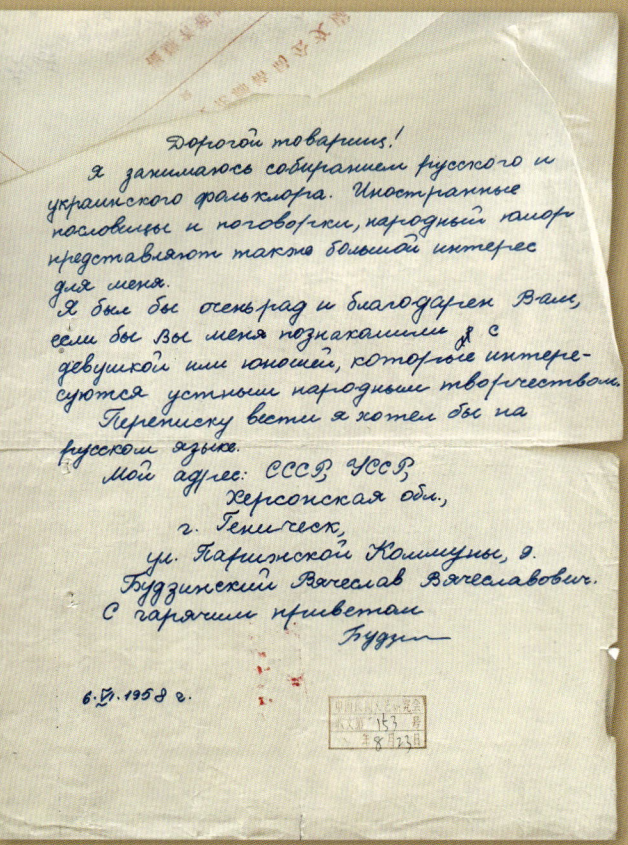

◆ 1958年6月6日，苏联布德金斯基请求通信的函。

◆ 1958年6月13日，苏联科学院专家来函，提出拟翻译出版中国南方各民族史诗。

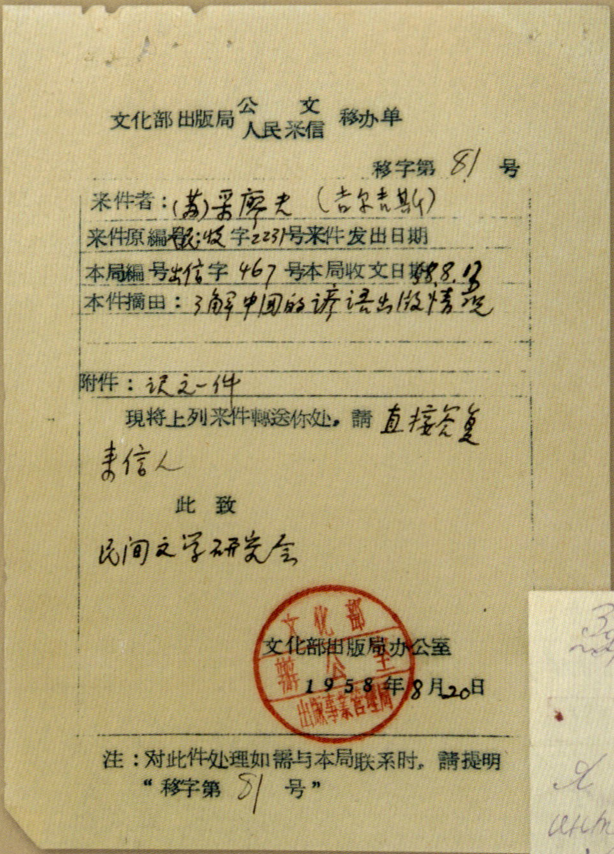

文化部出版局公文/人民来信移办单

移字第 81 号

来件者：(苏)采廖夫（吉尔吉斯）

来件原编号：收字2231号来件发出日期

本局编号出信字 467 号本局收文日期58.8.13

本件摘由：了解中国的谚语出版情况

附件：译文一件

現将上列来件轉送你处，請直接答复来信人

此致

民间文学研究会

文化部出版局办公室

1958年8月20日

注：对此件处理如需与本局联系时，請提明“移字第 81 号”

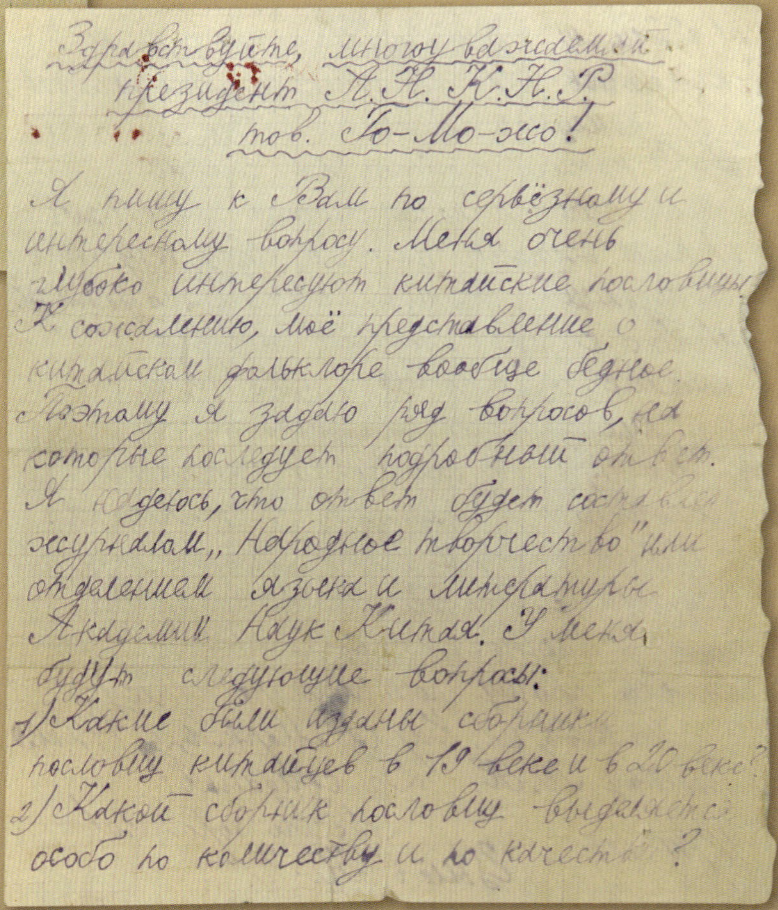

Здравствуйте, многоуважемый президент А. Н. К. Н. Р. тов. Го-Мо-жо!

Я пишу к Вам по серьёзному и интересному вопросу. Меня очень глубоко интересуют китайские пословицы. К сожалению, моё представление о китайском фольклоре вообще бедное. Поэтому я задаю ряд вопросов, на которые последует подробный ответ. Я надеюсь, что ответ будет составлен журналом „Народное творчество" или отделением языка и литературы Академии Наук Китая. У меня будут следующие вопросы:

1) Какие были изданы сборники пословиц китайцев в 19 веке и в 20 веке?

2) Какой сборник пословиц выделяется особо по количеству и по качеству?

◆ 1958 年，苏联采廖夫咨询了解中国谚语出版情况的信函。下图为信函原件，上图为文化部出版局移办单。

◆ 1958年，中国民研会收到苏联采廖夫咨询了解中国谚语出版情况的来函，图为中国民研会复函谚语研究出版目录。

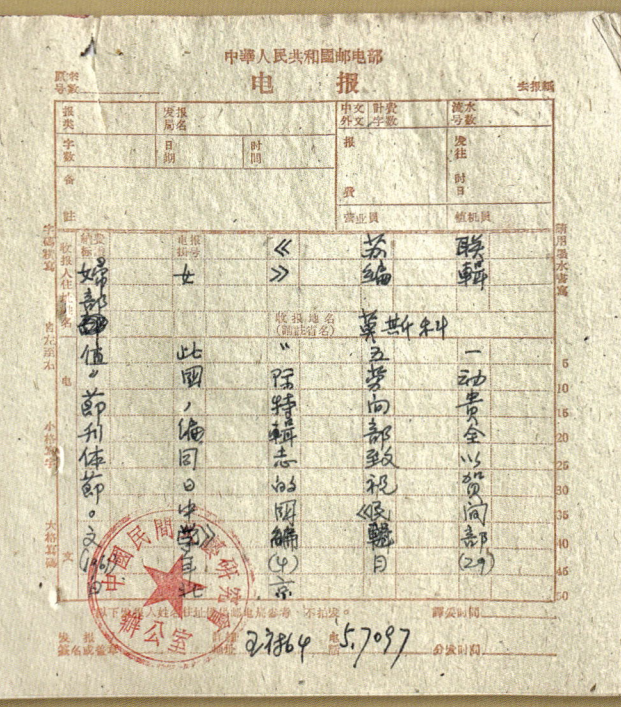

- 1961年4月29日，中国民研会《民间文学》杂志致电《苏联妇女》杂志祝贺五一劳动节。
- 1961年6月5日，苏联科学院语言与文学部民间创作协调委员会致中国民研会五一国际劳动节的贺电及译文。
- 1961年，国务院批准的可以对外贸易出口、对外赠送交换的报刊目录，其中包括《民间文学》。

- 中国文联就编写非洲文教情况材料致中国民研会的函。
- 英籍专家对《阿诗玛》整理工作的意见。

二

新民歌运动

1958年春天,毛泽东主席在成都会议上发出搜集民歌的号召。《人民日报》发表了题为《大规模地收集全国民歌》的社论,郭沫若、周扬分别就新民歌运动接受采访、发表文章,在全国掀起了轰轰烈烈的"新民歌运动"。新民歌运动带动了诗风的改变,民间文学创作出现了空前繁荣的景象,极大地促进了民间文学的采集和研究,同时为中国民研会在全国开展工作奠定了重要基础。

1958年,新民歌运动为民间文学事业带来了一个历史机遇,新民歌、旧民歌、长篇叙事诗、英雄史诗被发掘、搜集和整理、出版,成为民间文学史上的一个重要篇章,同时也为当代诗歌创作提供了重要的艺术借鉴。

1958年7月,中国民研会组织召开了中国民间文学工作者大会。全国民间文学的搜集整理和研究者、故事讲述家、歌手、诗人相聚一堂,向全国发出了大规模收集新民歌的呼吁,确定了"全面收集,重点整理,大力推广,加强研究"的16字工作方针。其间,毛主席在中南海接见了与会代表并合影,极大地鼓舞了全国民间文艺工作者的士气。在新民歌运动中,中国民研会的组织机构和队伍建设迅速得到发展和完善,发挥了指挥中心的作用。各地纷纷成立中国民研会分会,进而为20世纪60年代各民族民间文学的调查提供了组织保证。

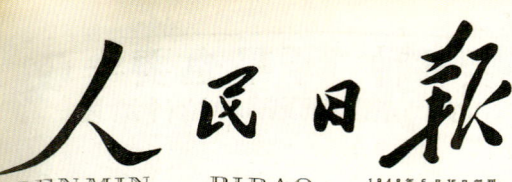

◆ 1958年4月14日，《人民日报》发表《大规模地收集全国民歌》社论。

◆ 1958年4月，郭沫若关于大规模收集民歌问题答《民间文学》编辑部问（誊抄稿），本文发表于1958年4月21日《人民日报》。

◆ 郭沫若朗读王老九的诗。

◆ 郭沫若与小诗人交谈。

◆ 农民诗人李永鸣朗诵自己的诗。

▲ 图像志 ● 第一部分 ○ 第二部分 ○ 第三部分
　　　　　　成立和探索 1950—1966　　新时期再出发 1978—2012　　迈上新征程 2012—2020

◆《红旗歌谣》（精装本），郭沫若、周扬编，红旗杂志社，1959年。

◆ 周扬与小诗人交谈，其右系阳翰笙。
◆ 1960年，郭沫若、周扬向诗人签赠《红旗歌谣》。

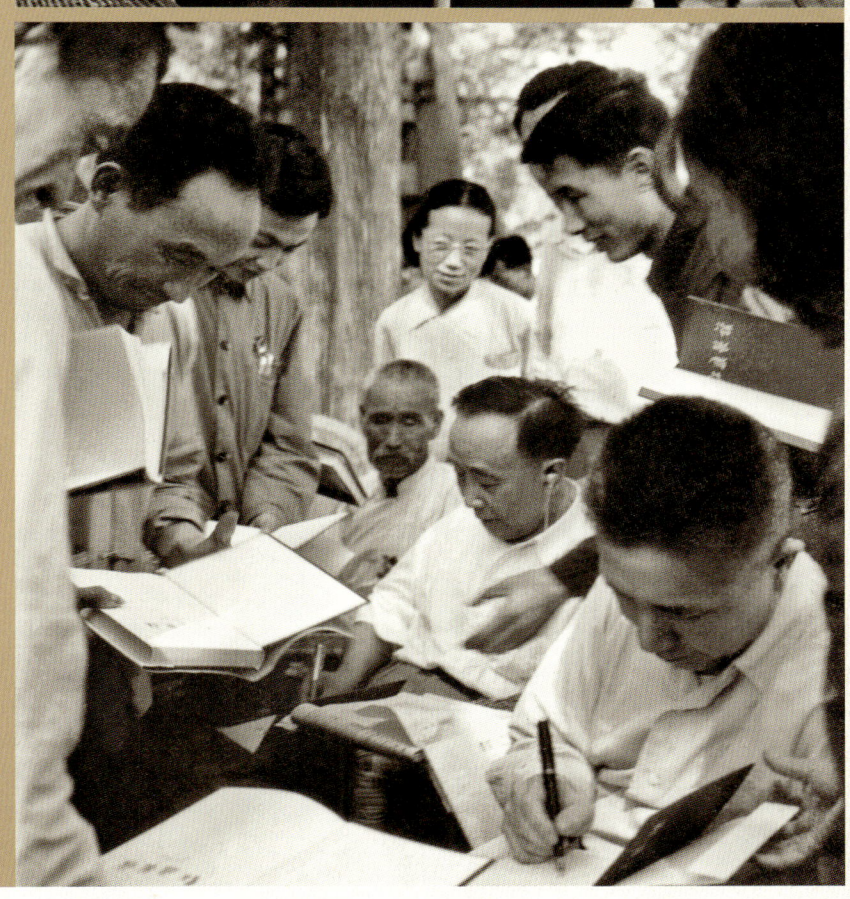

069

三

三大史诗

中国民研会成立初期，就充分认识到全面搜集整理史诗是一项抢救性的工作。在中国民研会成立后的第四天召开的第一次理事会上，首先决定编辑出版一套"中国民间文学丛书"。丛书收录了边垣从蒙古族艺人满金口中记录的蒙古族史诗《江格尔》的重要章节《洪古尔》。1958年，中国民研会将《洪古尔》纳入"中国民间文学丛书"再版，使《洪古尔》成为全国民间文学搜集整理工作的代表作。

1959年12月，中国民研会在北京召开《格萨尔》史诗座谈会，并派专人到青海文联调研，给予《格萨尔》工作"马克思主义史诗理论"的指导。1960年4月，中国民研会青海分会成立以后，《格萨尔》的史诗属性得到进一步确认，并作为中国民间文学的重要组成部分得到中国民研会全方位的支持。

1964年5月，中国民研会、新疆文联和新疆克孜勒苏柯尔克孜自治州在北京成立了《玛纳斯》工作领导小组和《玛纳斯》工作组，中国民研会指派陶阳、郎樱到新疆，开始了史诗调查采录工作。这次调查从1964年7月开始到1966年7月结束，搜集资料之丰富，调查范围之全面，搜集资料之珍贵前所未有，为后来《玛纳斯》的研究奠定了坚实基础。

江格尔

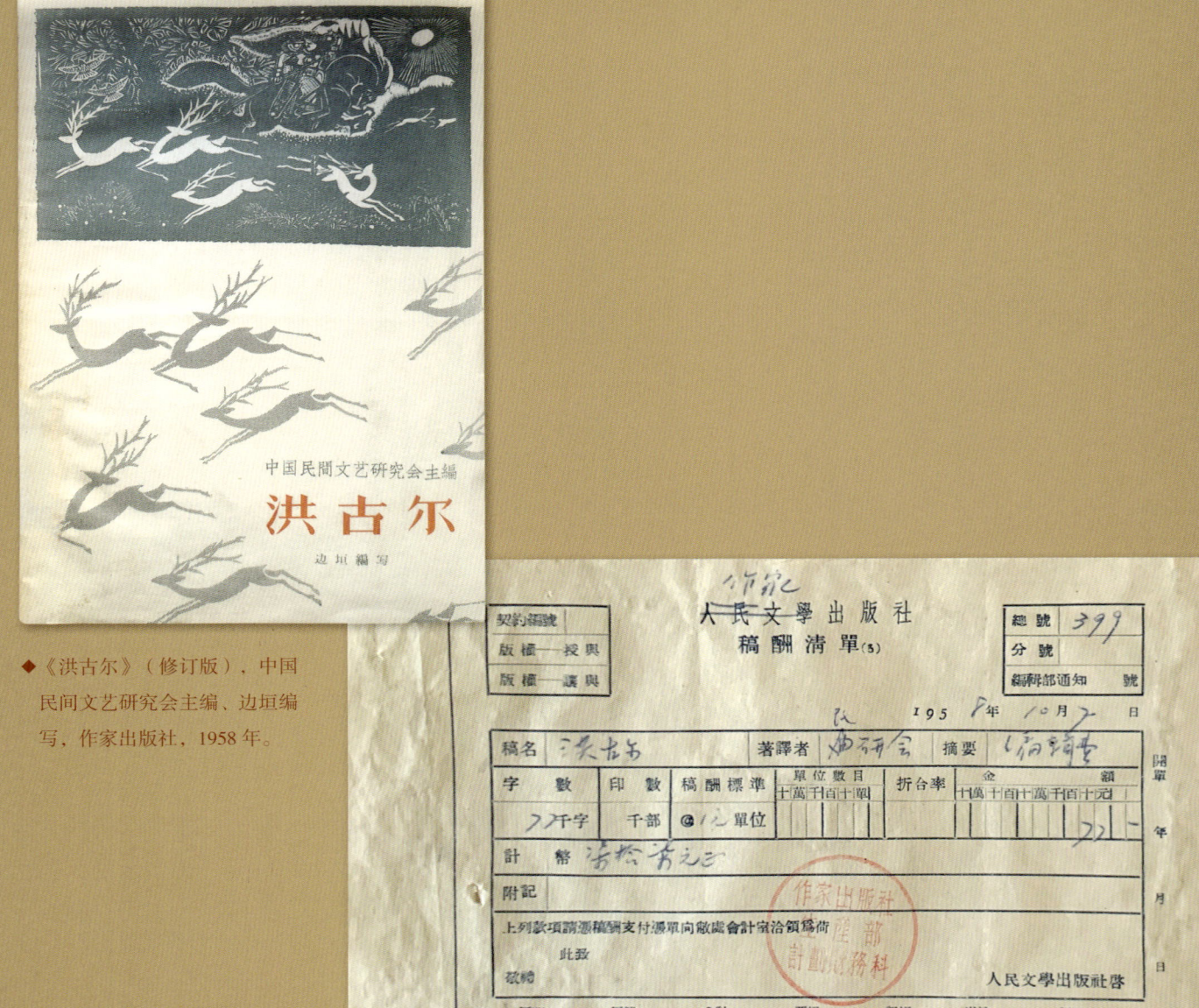

◆《洪古尔》（修订版），中国民间文艺研究会主编、边垣编写，作家出版社，1958年。

◆ 作家出版社为《洪古尔》开具的稿酬清单，中国民研会为著译者。

格萨尔

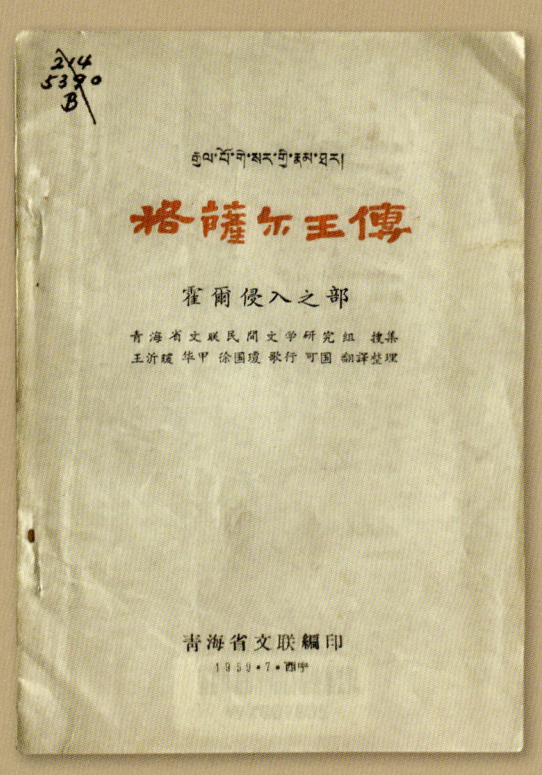
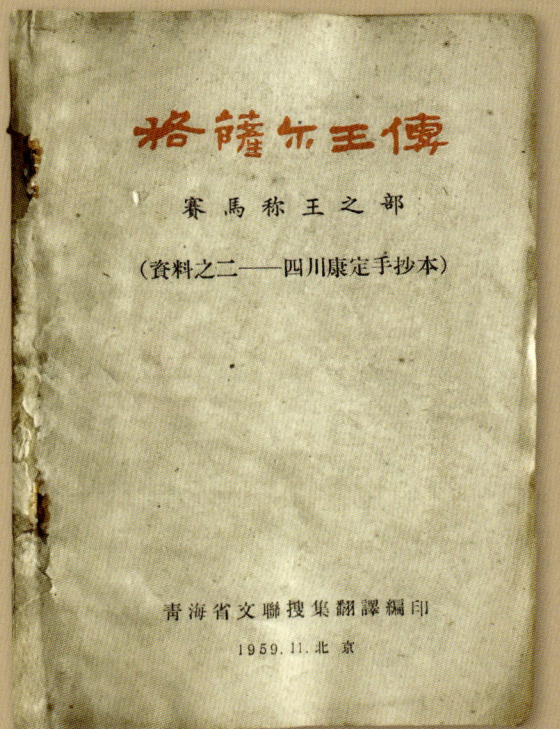

◆ 格萨尔资料本《格萨尔王传·霍尔侵入之部》，青海省文联编印，1959年7月。
◆ 格萨尔资料本《格萨尔王传·赛马称王之部》，青海省文联搜集翻译编印，1959年11月。

◆《格萨尔》法文版文献信息。

◆ 1961年7月31日，中国民研会为新华社对外编辑部提供的《格萨尔》法文版文献信息的函件。

图像志	● 第一部分	○ 第二部分	○ 第三部分
	成立和探索 1950—1966	新时期再出发 1978—2012	迈上新征程 2012—2020

◆ 1959年12月，《格萨尔》内部资料。

玛纳斯

- 1964年,《玛纳斯》调查采录组下乡采风。第一排左起:珠玛、赵潜德、乡干部;后排左起:帕孜力、沙坎·玉买尔、居素普·玛玛依、陶阳、刘发俊。
- 1964年,《玛纳斯》调查组拜谒"四十棵杨树"。传说四十棵杨树是玛纳斯四十个勇士死后变的,以保卫乡土。图中人物左起:帕孜力、刘发俊、陶阳、赵潜德、沙坎·玉买尔。
- 1965年,《玛纳斯》调查组在新疆采访史诗歌手。图中人物:陶阳(右一)、郎樱(左一)、玉赛音阿吉(左二)。

图像志　　● 第一部分　　　　　　○ 第二部分　　　　　　○ 第三部分
　　　　　　成立和探索 1950—1966　　新时期再出发 1978—2012　　迈上新征程 2012—2020

◆ 1964年,《玛纳斯》调查组两位成员陶阳(中)、中央民族大学讲师沙坎·玉买尔(右)与著名歌手居素普·玛玛依(左)合影。

◆ 1964年,《玛纳斯》调查组在新疆骑马去阿合奇县调查采录的路上。图中人物左起:陶阳、刘发俊、赵潜德。

◆ 1964年1月24日，柯尔克孜族史诗《玛纳斯》搜集、翻译、整理、研究工作座谈会纪要。

◆ 1964年6月17日，史诗《玛纳斯》调查搜集译校出版工作计划。

▲ 图像志　● 第一部分　○ 第二部分　○ 第三部分
　　　　　　成立和探索 1950—1966　　新时期再出发 1978—2012　　迈上新征程 2012—2020

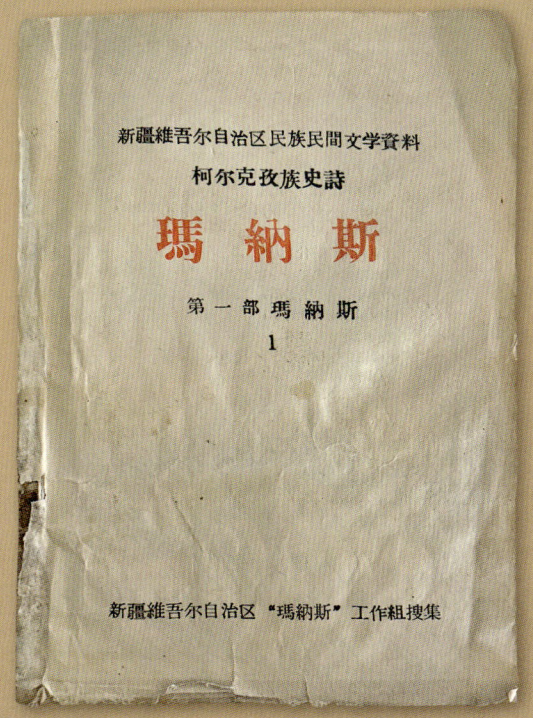

◆ 1964年11月，《玛纳斯》调查组的工作小结。

◆ 1965年7月30日，《玛纳斯》调查采录及翻译工作汇报。

◆ 整理的《玛纳斯》资料本

第二部分

新时期再出发

1978
—
2012

再出发
革新时期
1978—2012

第二部分

1978年，党的十一届三中全会召开，标志着我国进入改革开放和社会主义建设的新时期，全国各族人民为建设中国特色社会主义、开创社会主义现代化建设的新局面而努力奋斗。

1978年4月，中国民研会由贾芝、钟敬文、毛星、马学良、吉星、杨亮才组成筹备组，由贾芝担任组长，负责筹备中国民研会的恢复工作。这一年的10月30日至11月16日，在中国文学艺术工作者第四次代表大会期间，中国民研会第三次代表大会于1979年11月4日至10日召开。此次大会总结了历史经验，制定了全国民间文学工作计划，明确了今后的任务：迅速抢救、搜集和研究各民族民间文学，建立中国民间文艺学，繁荣发展社会主义文艺事业。由此，中国民间文艺事业逐渐复苏，各地的民间文艺机构也相继恢复工作，民间文学搜集、研究、教学机构和分会业务步入正轨。

随着社会发展的现代化、工业化、信息化，古老的民间文学面临失传的危险，市场经济大潮又剧烈冲击着人们的思想观念，中国民协克服困难、乘势而上，开展了一系列影响深远的民间文艺工作：民间文学三套集成取得辉煌成就、民间文艺学术繁荣发展、民间文艺国际交流日益深入，进而保存了我国各民族人民口头文学财富，继承和发扬了我国优秀的民族文化传统。

如果说，20世纪下半叶民间文艺领域的关键词是"搜集"，那么，21世纪初的关键词无疑是"抢救"。新世纪以来，面对工业文明迅猛冲击下民间文化自生自灭的濒危状况，"大到古村落，小到荷包"，必须对所有民间文化开展地毯式抢救性普查和搜集，摸清中华民族的文化家底，为子孙后代留下文化基因。这就是21世纪伊始实施的中国民间文化遗产抢救工程。之后十余年间，中国民协秉承学术立会传统，团结全国民间文艺界，以抢救工程为主体、带动民间文化薪火相传、唤起全社会的文化自觉和文化自信，产生了一大批重要成果。

中国民研会第三次代表大会

◆ 1979年10月30日至11月16日,中国文学艺术工作者第四次代表大会在北京召开。其间,11月4日至10日,中国民间文学工作者第二次代表大会(即中国民研会第三次代表大会)在北京召开。

周扬

钟敬文

贾芝

毛星

顾颉刚

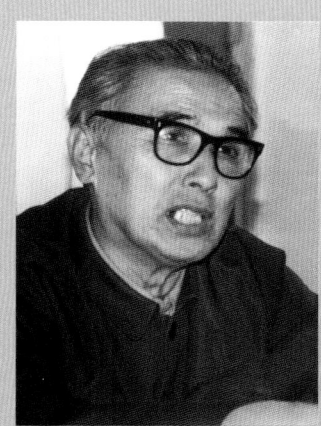
马学良

额尔敦·陶克陶

康朗甩

◆ 本次大会上，周扬当选主席，钟敬文、贾芝、毛星、顾颉刚、马学良、额尔敦·陶克陶、康朗甩当选副主席。

中国民研会第四次代表大会

◆ 1984年11月13日至20日，中国民研会第四次会员代表大会在河北石家庄举行。图为部分代表合影。

钟敬文

马学良

毛星

冯元蔚

刘锡诚

刘魁立

阿布都·秀库尔

◆ 本次大会上，钟敬文当选主席，马学良、毛星、冯元蔚、刘锡诚、刘魁立、阿布都·秀库尔、姜彬、贾芝、蓝鸿恩当选副主席。推举周扬为名誉主席。

姜彬

贾芝

蓝鸿恩

中国民协第五次代表大会

◆ 1991年11月28日至30日,中国民协第五次代表大会在北京召开。

冯元蔚

杨志杰

刘魁立

姜彬

农冠品

◆ 本次大会上，冯元蔚当选主席，杨志杰、刘魁立、姜彬、农冠品当选副主席。推举钟敬文为名誉主席，贾芝为首席顾问。

中国民协第六次全国代表大会

◆ 2001年3月19日至24日,中国民协第六次全国代表大会在北京召开。图为大会合影(局部)。

◆ 大会选举产生新一届理事会和主席团。冯骥才当选主席，白庚胜、刘春香、刘铁梁、江明惇、农冠品、杨继国、余未人、张锠、林德冠、郑一民、赵书、曹保明当选副主席。

冯骥才

白庚胜

刘春香

刘铁梁

江明惇

农冠品

杨继国

余未人

张锠

林德冠

郑一民

赵书

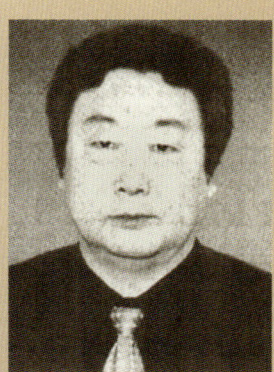
曹保明

中国民协第七次全国代表大会

◆ 2006年4月20日至22日,中国民协第七次全国代表大会在北京召开。

◆ 大会选举产生新一届理事会和主席团。冯骥才当选主席，韦苏文、白庚胜、刘铁梁、余未人、张锠、郑一民、杨继国、林德冠、陶思炎、夏挽群、常嗣新、曹保明当选副主席。

冯骥才

韦苏文

白庚胜

刘铁梁

余未人

张锠

郑一民

杨继国

林德冠

陶思炎

夏挽群

常嗣新

曹保明

中国民协第八次全国代表大会

◆ 2011年4月25日至27日,中国民协第八次全国代表大会在北京召开。

◆ 大会选举产生新一届理事会和主席团。冯骥才当选主席，马雄福、王勇超、韦苏文、叶舒宪、刘华、乔晓光、吴元新、沙马拉毅、罗杨、索南多杰、曹保明、潘鲁生当选副主席。

冯骥才

马雄福

王勇超

韦苏文

叶舒宪

刘华

乔晓光

吴元新

沙马拉毅

罗杨

索南多杰

曹保明

潘鲁生

一
学术活动

我国民间文艺的学术使命是来自民间又回到民间，用马克思主义辩证唯物主义和历史唯物主义阐发民间文艺的科学、美学、艺术的价值，丰富和发展人民的文化生活，促进民间文艺的传承和发展。

新时期以来，全国的民间文艺工作者再次吹响集结号，在民俗学、民族学、文化人类学、美学、文艺学等空前活跃的学术背景下，中国民协组织了一系列多层次多类型的学术座谈会和相关理论研讨活动，比如："全国少数民族民间歌手、诗人座谈会""泰山民间故事调查""中国民研会的第一、二、三届学术年会""《民间文学论坛》青年民间文学理论家座谈会"……伴随着对外开放的脚步，中国民协与日本、芬兰等国家和地区展开了深入持久的学术交流，为我国民间文艺学建立起广泛的人文科学基石与开阔的国际视野。

随着学术多元格局的发展，中国民协立足民间文学，又面向民间文艺和民间文化，点面结合地搜集、普查，基础理论与应用研究并重，国际交流与比较研究更具深度与广度，学术队伍日益壮大，学术成果日益厚重，努力促进有中国特色的民间文艺学的体系建构。

全国少数民族民间歌手、诗人座谈会

1978年初，中国民研会筹备组成立，开始着手恢复重建，并启动民间文艺领域的相关工作。1978年底，党的十一届三中全会召开，民间文学迎来大地春回。为了认真落实党的民族政策和文艺政策，鼓励民间歌手、诗人踊跃创作、重放歌喉，1979年7月27日，中国民研会筹备组联合国家民委、文化部向乌兰夫、胡耀邦两位领导同志提交了《关于召开少数民族民间歌手、诗人座谈会的请示报告》，座谈会的主要内容包括交流经验和鼓励歌手为"四化"歌唱，胡耀邦批复说："这是件好事，我赞成。"此次座谈会于1979年9月25日至10月4日正式召开，来自全国45个民族的123位代表出席了座谈会，乌兰夫、周扬亲切接见了参加座谈会的民间歌手、诗人。座谈会的召开适逢中华人民共和国成立30周年，这也是民族文化工作的一次空前盛会，对于增强民族团结，提高民族自信心，繁荣和发展民族文化具有重要作用。会议期间的1979年10月2日，中国民研会在北京召开常务理事扩大会，决定即日起正式恢复中国民研会。

◆ 1979年9月25日至10月4日，北京，全国少数民族民间歌手、诗人座谈会。图为乌兰夫和与会代表在一起。

◆ 周扬、贾芝和全国少数民族民间歌手、
　诗人座谈会的代表合影。

◆ 周扬（右一）和苗族歌手唐德海（右二）

泰山民间故事调查

1980年5月,中国民研会正式恢复刚刚半年,为了纠正民间故事整理中的随意加工和胡改乱编的不良倾向,提倡"忠实记录、慎重整理",由中国民研会研究部制订计划,用调查采录的方法,以实例说明"忠实记录、慎重整理"的必要性。为此,中国民研会委派陶阳、徐纪民、吴绵3人在山东泰安地区进行"忠实记录、慎重整理"的实验,他们5月15日出发,7月2日回京,历时一个多月,调查采访了泰山、徂徕山的几个重点区域,搜集到故事近300篇,徂徕山抗日故事100篇,抗日歌谣近100首,成果结集为《泰山民间故事大观》。

"全面搜集、重点整理、大力推广、加强研究",是中国民研会在1958年全国民间文学工作者大会上确定的16字工作方针,泰山民间故事调查的意义之一就在于在实践中贯彻并检验了"16字方针"的学术价值。陶阳等人在实地调查中注重查考历史文献记述,记录各种母题的异文,保留方言特色,通过注释和附记阐发讲述文本的相关信息,是当时"忠实记录"的样板,为此后进行的民间文学三套集成工作积累了有益经验。

◆ 1980年5月，陶阳（后排左二）、徐纪民（后排右一）与泰安县文化馆的全体同志赴灵岩寺调查采录泰山民间故事。

◆ 1980年，听泰山著名的故事家张建新（左二）讲故事。右二为陶阳。

◆ 在泰山后山著名的佛爷寺院里听住持讲佛爷寺的故事。佛爷寺住持（背对者）、陶阳（右一）。

▲ 图像志　　○ 第一部分　　● 第二部分　　○ 第三部分
　　　　　　　　成立和探索 1950—1966　　新时期再出发 1978—2012　　迈上新征程 2012—2020

◆ 陶阳（左一）、吴绵（左三）等在徂徕山公社田野考察。

◆《泰山民间故事大观》，陶阳、徐纪民、吴绵编，文化艺术出版社，1984年。

学术年会及研讨活动

20世纪70年代末至90年代，由周扬、顾颉刚、钟敬文、常惠、容肇祖、常任侠、杨成志、于道泉等中国民研会老领导、老专家坐镇，中国民协的工作迅速恢复，并进入一个新的发展时期。在学术领域，组织了大量的讲习班、研讨会，民间文学工作者整体素质和研究水平逐步得到提高，民间文学理论研究发展迅速。同时，各门类研究团体纷纷成立，如少数民族学学会、中国民俗学会、中国神话学会、中国故事学会、中国歌谣学会等，极大地促进了民间文学学科整体研究和各类专题研究。这一时期，民间文学研究逐渐增加了社会学、历史学、语言学、人类学等不同学科的角度，丰富了以马克思主义文艺学为基本理论体系的研究方法。民俗学学科的复兴，给民间文学研究发展带来了新的视角和方法，民间文学的研究视野越来越开阔，研究人才不断走向专业化，科研队伍得以发展壮大，产生了一大批重要的研究成果。《民间文学》的复刊，以及《民间文学论坛》和《民俗》杂志的先后创刊，也为中国民协的学术活动搭建了坚实的平台。

▲ 图像志　　○ 第一部分　　● 第二部分　　○ 第三部分
　　　　　　　成立和探索 1950—1966　　新时期再出发 1978—2012　　迈上新征程 2012—2020

◆ 1979年5月，中国民研会筹备组在北京民族文化宫召开纪念五四运动六十周年座谈会。柯尔克孜族著名歌手居素普·玛玛依应邀参加会议。会议由筹备组组长贾芝主持。前排左起：杨成志、顾颉刚夫妇、居素普·玛玛依、于道泉、容肇祖、钟敬文、常惠；中排：常任侠（左二）、马学良（左三）、贾芝（左四）、毛星（左五）。

▲ 图像志　　○ 第一部分　　● 第二部分　　○ 第三部分
　　　　　　　成立和探索 1950—1966　　新时期再出发 1978—2012　　迈上新征程 2012—2020

◆ 1978年10月23日至11月3日，甘肃兰州，中国少数民族文学教材编写暨学术讨论会。中国民研会钟敬文、杨亮才、张文参加。宋平、萧华到会并作重要讲话。

◆ 1980年7月,北京陶然亭,中国民研会部分成员。前排左起:程远、贾芝、高野夫、高鲁、吴一虹、刘艳军;后排左起:李亚沙、王明环、陶阳、吉星、杨亮才、林相泰。

◆ 20世纪80年代中期,《民间文学》编辑部、中国民研会办公室、研究部部分成员。前排左起:徐纪民、华积庆、缪印堂、李亚沙、金辉、关艳茹、冯志华;后排左起:吉星、祝绳武、魏冬生。

- 20世纪80年代的陶阳、杨亮才和吉星（从左至右）在当时的中国民研会办公地北京东四八条。
- 20世纪80年代的陶阳、王一奇和吉星（从左至右）。
- 20世纪80年代，辽宁沈阳，吉星（左）与朝鲜族故事家金德顺（中）及金德顺故事的搜集整理者裴永镇。

◆ 1981年5月12日至17日，北京，中国民研会首届年会。会议由贾芝主持，钟敬文作《民间文学的科学体系及研究方法》的报告，周扬到会并讲话。

◆ 1981年5月，中国民研会首届年会合影。前排常惠（左一）、钟敬文（左三）、魏传统（左四）、贾芝（右四）、常任侠（右三）、肖崇素（右二）、蓝鸿恩（右一）等出席。

▲ 图像志　　○ 第一部分　　● 第二部分　　○ 第三部分
　　　　　　　成立和探索 *1950—1966*　　新时期再出发 *1978—2012*　　迈上新征程 *2012—2020*

◆ 出席会议的周扬欣然为民间文艺工作者签名。

◆ 1983年4月8日至17日，北京，中国民研会第二届年会及工作会议，周扬到会并讲话。前排左起：延泽民、赵寻、肖崇素、周扬、钟敬文、林默涵、贾芝、马学良。

◆ 会议间隙，参会代表合影留念。

◆ 1985年4月29日至5月4日，北京，中国民研会第三届学术年会。

▲ 图像志　　○ 第一部分　成立和探索 1950—1966　　● 第二部分　新时期再出发 1978—2012　　○ 第三部分　迈上新征程 2012—2020

◆ 1984年1月12日，周扬（前排左五）、陈荒煤（前排右三）、钟敬文（前排左四）与第四次《格萨尔》工作会议全体代表合影。

▲ 图像志　　○ 第一部分　　● 第二部分　　○ 第三部分
　　　　　　　成立和探索 1950—1966　　新时期再出发 1978—2012　　迈上新征程 2012—2020

◆ 1984年，贵州兴义，中国少数民族神话学术讨论会留影。

◆ 1984年5月26日,四川峨眉山,民间文学理论著作选题座谈会留影。

▲ 图像志　　○ 第一部分　　● 第二部分　　○ 第三部分
　　　　　　　成立和探索 1950—1966　　新时期再出发 1978—2012　　迈上新征程 2012—2020

◆ 1986年5月,《民间文学论坛》编辑部邀请全国部分青年民间文学理论家在北京召开座谈会。参加这次会议的有：周明（四川）、王晓华（浙江）、陶思炎（江苏）、兰克（云南）、陈勤建（上海）、彭小明（上海）、邬国平（上海）、叶舒宪（陕西）、吕微（陕西）、李扬（辽宁）、王强（北京）、杜萌（北京）、蔡大成（北京）、程蔷（北京）、阎云翔（北京）、罗汉田（北京）、苑利（北京）、谢选骏（北京）、姚宝瑄（山西）、郭崇林（黑龙江）、陈建宪（湖北）、任骋（河南）、杜平（湖南）、袁铁坚（湖南）、孟繁静（河北）等。
第一排《民间文学论坛》编辑部同志：刘锡诚（左五）、陶阳（右四）、吴超（右三）、刘晔原（左一）、赖亚生（右二）、金辉（右一）。

123

◆ 1986年5月22日至26日，中国民研会与中国社会科学院、文化部、国家民委在北京联合主持召开全国《格萨尔》工作总结、表彰、落实任务大会。来自西藏、内蒙古、四川、青海、甘肃、云南、新疆七省区和北京市的代表共97人出席会议，他们当中有从事《格萨尔》搜集、出版、研究等工作的代表，还有扎巴、玉梅、桑珠、散布拉敖尔布等著名民间艺人。图为第十世班禅额尔德尼接见全体与会代表的合影。

◆ 1991年，北京，柯尔克孜文《玛纳斯》出版新闻发布会。

◆ 2002年11月，中国民协代表团赴台湾参加海峡两岸学术研讨会。

▲ 图像志　　○ 第一部分　　● 第二部分　　○ 第三部分
　　　　　　　成立和探索 1950—1966　　新时期再出发 1978—2012　　迈上新征程 2012—2020

◆《民间文学》（复刊号），1979年。
◆《民间文学论坛》（创刊号），1982年。
◆《民俗》（创刊号），1988年。

国际学术交流

新时期以来，国家实施对外开放政策。中国民间文艺学界迫切需要提高民间文艺学术水平和国际地位，开展国际学术交流和国际合作，打开眼界，从国外取得借鉴，吸取其优秀的成果和方法为我所用，为社会主义精神文明建设做出贡献。"走出去，请进来"，选派人员赴海外研究机构访学，与国际民间文学界的同行进行学术交流与切磋，这些举措开阔了视野，增强了研究能力，成为新时期中国民间文艺国际交流的基本理念。

这一时期，中日民间文艺领域学者多次进行互访；应土耳其邀请，我国学者前往出席国际民俗学大会；参加联合国教科文组织在加德满都举办的亚洲口头传统文化学术讨论会；访问北欧的芬兰和冰岛。以国际民间叙事文学研究会主席劳里·航柯教授为团长的芬兰文学协会代表团，应邀参加国际民间叙事文学研究会在北京举行的学术研讨会等。这些学术交流活动，不仅拓宽了国内民间文艺学界的视野，也让世界了解到中国民间文学的价值和民间文艺搜集整理研究的经验与成果，增强了我国民间文学事业在国际上的学术影响力。

▲ 图像志　　○ 第一部分　　● 第二部分　　○ 第三部分
　　　　　　　成立和探索 1950—1966　　新时期再出发 1978—2012　　迈上新征程 2012—2020

◆ 1980年11月24日，日本学者君岛久子与《民间文学》编辑部座谈。右一为贾芝，左一为君岛久子。

◆ 1980年11月，贾芝接待日本学者君岛久子。

129

◆ 1980年12月,日本口承文艺学会访华团访问北京和上海。12月11日,周扬在北京会见日本口承文艺学会访华团,左起:程远、罗焚、林相泰、野村纯一、内田琉璃子、贾芝、饭仓照平、钟敬文、直江广治、臼田甚五郎、周扬、大林太良、马学良、伊藤清司、王平凡、加藤千代、金辉、乾寻、王汝澜、陆石。

◆ 日本口承文艺学会访华团访问中央民族大学。

◆ 1983年9月14日至1984年1月10日,由中国民研会钟敬文、贾芝,日本东京大学教授大林太良推荐,陶阳(左二)、王汝澜(左一)赴日本访学。图为1983年12月17日,与日本著名学者关敬吾教授(右三)、著名神话学家伊藤清司教授(右二)合影。

◆ 在大林太良教授(右一)的东京大学办公室,后排是加藤千代女士。

◆ 1983年12月17日，王汝澜（左）在东京都大学讲演，右为翻译乾寻。

◆ 陶阳（左）在东京都大学演讲，右为翻译曾士才。

◆ 1983年12月，参加秩父冬祭民俗大会。
◆ 王汝澜、陶阳与伊藤清司在一起。

◆ 1985年,芬兰史诗《卡勒瓦拉》出版150周年纪念活动期间,芬兰总统毛诺·科伊维斯托接见了贾芝,贾芝获得《卡勒瓦拉》银质奖章。

| 图像志 | 第一部分 成立和探索 1950—1966 | 第二部分 新时期再出发 1978—2012 | 第三部分 迈上新征程 2012—2020 |

◆ 1992年，奥地利因斯布鲁克，第十届国际民间叙事研究会大会。

◆ 1995年1月，印度迈索尔，第十一届国际民间叙事研究会大会。

◆ 1996年4月23日，北京，中国民协主办的国际民间叙事文学研究会北京学术研讨会。左起：中国民协名誉主席钟敬文、国际民间叙事文学研究会主席雷蒙德、全国人大常委会副委员长布赫、中国文联党组书记高占祥。

◆ 1998年7月27日，德国报纸报道贾芝一行在德国哥廷根参加国际民间叙事研究会第十二届代表大会。

◆ 1998年7月，贾芝（左）与劳里·航柯（右）在德国哥廷根会议见面交谈。

二

中国民间文学三套集成

故事集成》、《中国歌谣集成》和《中国谚语集成》。此事由中国民间文艺研究会主办,各级文化部门和民委积极给予支持与协助。现将关于编辑出版这三套集成的意见发给你们,请你们召集并邀请有关方面,组织力量进行工作。特此

新时期以来,中国民协组织编纂的《中国民间文学三套集成》(简称《三套集成》)工程,是继1958年大规模搜集民歌之后,又一次有组织、有计划、有系统的全国性民间文学抢救搜集工作。1981年底至1982年初,在中国民研会常务理事扩大会上讨论了编选出版"三套集成"的问题。1984年5月28日,文化部、国家民委、中国民研会联合发出《关于编辑出版〈中国民间故事集成〉〈中国歌谣集成〉〈中国谚语集成〉的通知》以及《关于编辑出版民间文学三套集成的意见》。

民间文学集成工作在全国各地区、各民族进入全面的普查阶段,发动了从十几岁的娃娃到八九十岁的老人数以千百万计的队伍,从中央到地方文化馆站的文化工作者为这一工作默默奉献。据统计,在各级政府和相关部门的支持和协助下,全国有近两百万人直接参加了各地民间文学的普查和采录工作,取得了巨大的成绩。从全国搜集采录民间文学资料逾40亿字,编辑出版县卷本4000余册,每个故事的讲述者、采录者的姓名年龄身份都有,时间地点详细,从神话到传说到故事一应俱全,被誉为民间文化的"万里长城"。

重要会议

◆ 1984年5月28日，文化部、国家民委、中国民研会发出《关于编辑出版〈中国民间故事集成〉〈中国歌谣集成〉〈中国谚语集成〉的通知》。

◆ 1985年10月，贵州贵阳，中国民间文学集成讲习会留影。

◆ 1986年5月21日至25日,北京,中国民间文学集成第三次工作会议。会议决定《三套集成》总编委会由周扬任总主编,马学良、任英、林默涵、周巍峙、钟敬文、贾芝、高占祥任副总主编。

◆ 1986年，江西庐山，中国民间文学专题研讨会。

▲ 图像志　　○ 第一部分　　　　　　　● 第二部分　　　　　　　○ 第三部分
　　　　　　　成立和探索 1950—1966　　新时期再出发 1978—2012　　迈上新征程 2012—2020

145

- 1987年8月，文化部常务副部长高占祥在西藏民协举办的集成讲习会上。
- 1987年，《三套集成》常务副总主编周巍峙（右）、全国艺术科学规划办副主任徐守正（左）到中国民协与常务书记廖东凡商量集成工作。

◆ 1987年9月，浙江杭州，中国民间文学集成首次编选工作会议。

◆ 1987年9月,浙江杭州,中国民间文学集成首次编选工作会议开幕式主席台。右起:钟敬文、铁英、周巍峙、贾芝、唐向青。

◆ 1988年,北京,十部文艺集成志书表彰会,集成成果展示。

◤ 图像志　　○ 第一部分　　　　　● 第二部分　　　　　○ 第三部分
　　　　　　　成立和探索 1950—1966　新时期再出发 1978—2012　迈上新征程 2012—2020

◆ 1988年6月，北京，中国民间文学集成翻译工作会。

◆ 1989年11月，河北石家庄，周巍峙（左一）出席河北省集成工作表彰会。

▲ 图像志　　○ 第一部分　　● 第二部分　　○ 第三部分
　　　　　　　成立和探索 1950—1966　　新时期再出发 1978—2012　　迈上新征程 2012—2020

◆ 1990年7月，北京，胡乔木（左三）参观中国民间文学集成成果展示。

◆ 1996年，四川民间故事集成审稿会，刘魁立（右一）、孙剑冰（右二）、钟敬文（右三）、贺嘉（右四）、许钰（右五）。

◆ 1997年1月，十部文艺集成志书出版百卷表彰会上，《中国民间文学集成》常务副总主编周巍峙（右一）、钟敬文（右三），副总主编贾芝（右二）、马学良（右四）合影。

调查采录

- 1985年，四川省民间文学集成办主任刘尚乐（前排左二）、民协工作人员罗雪村（后排左一）在松潘县小姓乡采录。
- 1985年，四川省民协孟燕（右）与歌手李子英在木里藏族自治县做集成普查。

◆ 1986年，歌谣集成副主编张文（左三），集成办马捷（左一）、李凌燕（右一）与河北省民协主席旭宇（右二）在基层调研。

◆ 1986年，总集成办副主任马捷（左二）、浙江省集成办主任季沉（左一）在基层调研采风。

◆ 1991年4月16日，集成编辑部贺嘉、刘晓路等采访联合国教科文组织命名的民间故事讲述家曹衍玉。

编纂与成果

◆ 1989年12月,《中国民间故事集成》正副主编参加在北京西山召开的《中国民间故事集成·吉林卷》初审会。图中人物左起:张紫晨、钟敬文、许钰、刘魁立。

◆《中国歌谣集成》主编贾芝（右三），副主编陶建基（右四）、张文（右五）、晓星（右二）及特约编审罗汉田（右一）合影。

◆《中国谚语集成》主编马学良（后右二），副主编陶阳（后右四）、陶立璠（前右一）、李耀宗（前右三），特约编审吕平（后右三）、吉星（后右一），集成办公室主任贺嘉（前右二）合影。

◆ 1991年7月，北京，《中国谚语集成》主编马学良（左）与著名谚语研究家朱介凡交流。

▲ 图像志　　○ 第一部分　　● 第二部分　　○ 第三部分
　　　　　　　成立和探索 1950—1966　　新时期再出发 1978—2012　　迈上新征程 2012—2020

◆ 2009年9月15日，北京国家大剧院，出席"大地芳华——中国民族民间文艺集粹"展开幕式的中国民间文学三套集成工作者代表。右起：刘晓路、陈子艾、贺嘉、张文、陶阳、向云驹、刘魁立、李耀宗、朱芹勤。至此，历时30年，包括《中国民间文学三套集成》在内的《中国民族民间十部文艺集成志书》编纂出版工作全部完成，为新中国60华诞献上了一份厚礼。

◆ 2010年7月18日，新疆乌鲁木齐，《中国民间文学集成·新疆卷》总结表彰大会，时任新疆维吾尔自治区党委常委、宣传部部长李屹向中国文联名誉主席周巍峙颁发新疆民间文学集成特殊贡献奖。

◆ 2014年5月28日，北京，中国民间文学三套集成启动30周年纪念座谈会。

▲ 图像志　　○ 第一部分　　　　　　● 第二部分　　　　　　○ 第三部分
　　　　　　　成立和探索 1950—1966　　新时期再出发 1978—2012　　迈上新征程 2012—2020

◆ 中国民间文学三套集成，即《中国民间故事集成》《中国歌谣集成》《中国谚语集成》，共有省卷本90卷、县卷本4000多卷。图为中国民间文学三套集成部分省卷本。

163

三

国际学术合作

20世纪80年代至90年代,我国民间文艺的学术建设方面,普查与搜集整理、基础理论与应用研究并重,国际交流与比较研究逐渐向广度与深度发展,方法论建树更趋多样而科学。

这一时期,中国民协组织了几次大型的国际学术合作项目:1986年,中芬三江民间文学联合考察开启了中国民协新时期国际合作的序幕,为联合国教科文组织非遗保护公约的出台提供了中国经验;1994年,中国民协承担了由我国政府与联合国教科文组织联合签订的《项目实施计划协议书》,实现了用现代化手段记录保存中国民间文学遗产的目标;1989年至1997年,中日两国学者先后在中国和日本共同开展农耕文化民俗学联合调查。

进入新世纪后,我国社会进入急速转型和发展的时期。为了探索保护、开发、利用民族民间文化的有效方法、途径和手段,中国民协在学术领域所开展的国际交流、合作、碰撞,与之前相比变得更加全面、深入。中日联合江南地区民俗调查在新世纪得到延续;与联合国教科文组织密切合作,又发起实施了"保护中国少数民族无形文化遗产·民歌保护行动";在萨满、傩文化、神话学等专题领域,中国民协主办了多个规模盛大的主场国际研讨会……中国民协与国际文化机构以及国外学术界的合作成为一种常态。

中国民协秉承"学术立会"传统,以保护世界文化多样性为己任,积极参与国际非遗保护工作,不仅是民间文艺学术研究领域的参与者,更日益成为国际民间文艺研究的贡献者和建设者。

中芬三江民间文学联合考察

1983年，芬兰文学协会主席劳里·航柯教授向中国民研会提议，在中国开展民间文学联合考察。经过3年的联络磋商，1986年4月1日至4月3日，全体考察队员的集训在南宁举行。4月4日至4月6日，中芬民间文学搜集保管学术会在南宁举行。4月7日，中芬两国考察人员取道柳州赴三江县实施考察。劳里·航柯回国后，向联合国教科文组织有关部门报告了此次中芬联合研讨和考察的情况，相关经验被纳入联合国《保护民间创作建议案》（1989年）中。他还在北欧民俗研究所的刊物 NEWS LETTER 上撰写专文评介此次活动，同时英译刊出了多篇中国学者论文，刊发了采风照片，引起国际学术界的关注。

这是新中国成立以后规模较大的一次中外联合考察。联合考察队由来自全国各地的37名中青年民间文学学者和5名芬兰学者组成。双方学者调查和记录了大量民俗事象、民间文学作品，还有一批质量较高的学术论文问世，在中国民俗学和民间文艺学历史上是一个里程碑式的事件。

2019年，中芬三江民间文学联合考察的资料完整回归，近百万字的文献经整理、编目、电子化存档和编辑后，于2020年12月出版。

▲ 图像志　　○ 第一部分　　● 第二部分　　○ 第三部分
　　　　　　　成立和探索 1950—1966　　新时期再出发 1978—2012　　迈上新征程 2012—2020

◆ 1986年4月，贾芝（左一）、安芬妮（右三）、劳里·航柯（右四）在马鞍村考察。

◆ 1986年，广西南宁，中芬联合考察全体人员合影。

▲ 图像志　　○ 第一部分　　● 第二部分　　○ 第三部分
　　　　　　　成立和探索 1950–1966　　新时期再出发 1978–2012　　迈上新征程 2012–2020

169

◆ 1986年4月，广西南宁，中芬考察人员出发前举行了中芬民间文学搜集保管研讨会。下图左二起：刘锡诚、劳里·航柯、贾芝。

◆ 1986年4月，广西南宁，上图左起：张紫晨、马名超、张振犁、劳里·哈尔维拉赫蒂；下图右起：过伟、邓敏文。

◆ 1986年4月，中芬考察途中遇侗族群众拦路对歌，贾芝赋诗对答。

▲ 图像志　　○ 第一部分　　　　● 第二部分　　　　○ 第三部分
　　　　　　　成立和探索 1950—1966　新时期再出发 1978—2012　迈上新征程 2012—2020

◆ 田野调查途中休息

◆ 贾芝、安芬妮、劳里·航柯在三江马鞍村采录民歌场景。

◆ 芬兰学者在三江，左起：马尔蒂·尤诺纳霍、安芬妮、劳里·哈尔维拉赫蒂。

◆ 签订中芬合作协议

中芬民间文学联合考察队
关于学术论文和考察资料的协议书

　　中芬民间文学联合考察和学术交流主办者三方经过协商，就学术研讨会论文和实地考察期间所获得的资料的处理细节，达成如下协议：

　　(一)《一九八六年中芬学者联合进行民间文学考察及学术交流计划》第九条规定："参加此次学术讨论会的全部论文，由中国方面出版中文本，由芬兰方面出版英文或芬兰文本，费用各自解决"。三方一致同意：

　　(1)由中国民间文艺研究会编辑并委托中国民间文艺出版社出版《1986年中国芬兰民间文学搜集保管学术研讨会文集》中文本。中国方面负责芬兰方面提供的芬兰学者的论文的英文稿的汉译、修订及校对。

　　(2)由芬兰文学协会会同北欧民俗研究所、土尔库大学文化研究系民俗学和比较宗教学部，编辑并出版上述文集的英文本。芬兰方面负责对中国方面提供的中国学者的论文的英文译稿进行文字润色、校对。

　　中文本、英文本允许各自根据编辑工作的需要作某些取舍和调整。中国方面有义务为芬兰方面英文稿编者提供原文咨询。出版时间不迟于1987年底。费用各自解决。

　　出书后，中方向芬方提供中文本样书100册，芬方向中方提供英文样书150册。

　　(二)根据《计划》第八条规定的精神，一致决定：

　　(1)此次考察中所获得的文字资料、调查报告和照片，由中国民研会和广西民间文学研究会负责编选、出版科学版本。芬兰方面表示于1986年底前向中国民间文艺研究会提供有关此次考察的三篇调查报告。出书费用由中国民研会和广西民研会协商解决。

　　(2)中芬双方互相提供此次考察中各自录音磁带的目录及保存地点。

～1～

　　中芬双方互相提供此次考察中所录制的录音磁带和拍摄的照片的目录及部分样品。

　　(3)三方拍摄的原始录相资料（指未经剪辑的录相带），一律复制三份，互相交换，三方各保持一份。中国方面申明，芬方可以保持这些资料供科研、教学、档案馆之用，不用于商业目的。芬方表示同意上述观点。

　　(4)芬方将制作一部三江民间文学录相片无偿地赠送给三江县人民政府。

中国民间文艺研究会代表
芬兰文学协会代表
中国广西民间文学研究会代表
一九八六年四月十五日于三江

Lauri Honko
刘锡诚
武剑青

～2～

◆《中芬民间文学联合考察队关于学术论文和考察资料的协议书》

◆ 中芬考察团工作会。

◆ 中芬学者调查期间的联谊活动。

▲ 图像志　　○ 第一部分　　● 第二部分　　　　　第三部分
　　　　　　　成立和探索 1950—1966　　新时期再出发 1978—2012　　迈上新征程 2012—2020

◆《中芬民间文学搜集保管学术研讨会文集》，中芬民间文学联合考察及学术交流秘书处编，中国民间文艺出版社，1987年。

◆《中芬三江民间文学联合考察文献汇编》，潘鲁生、邱运华主编，社会科学文献出版社，2020年。

保护中国民间文学遗产项目

为了有效地保护中国民间文学遗产，中国政府与联合国教科文组织于1994年7月5日签订了用现代化手段保存民间文学的《项目实施计划协议书》。该计划的主要目的是用录音录像手段保护民间故事、歌谣和其他无形文化遗产。项目由中国民间文艺家协会组织实施，在实施期间由日本政府提供相应项目经费。这是中国民协与联合国教科文组织的首次合作。项目于1994年启动至1997年初完成。在3年的时间里，中日学者对吉林、湖北、四川、云南数十个县、市的民间故事进行了5次考察和实地采录，采访故事家100余位；记录民间故事、民歌900余篇（首）；搜集白族大本曲20部；录音3700多小时，录制磁带1200余盘；摄制录像1000多小时，制作专题片《伍家沟故事村》一部，并出版《走马镇民间故事》《王海洪故事集》等书。1998年12月16日，联合国教科文组织、中国民协在北京召开大会，命名刘德培、罗成双、魏显德、王海洪、张功升、靳正新、曹衍玉、林宏、潘小浦为民间故事家；董凤琴被授予"民间歌手"称号；《保护民间文学遗产项目考察报告》以及《中国民间文学遗产》（图书）由联合国教科文组织驻华代表处印行。此一合作项目在各采录地引起强烈反响，增强了民众对民间文化传承和文化创造的自觉意识，为保护民间文学遗产开辟了新途径。

▲ 图像志　　○ 第一部分　成立和探索 1950—1966　　● 第二部分　新时期再出发 1978—2012　　○ 第三部分　迈上新征程 2012—2020

◆ 1994年，吉林，与联合国教科文组织合作调查民间故事项目。

◆ 1994年10月，湖北伍家沟，与联合国教科文组织合作调查民间故事项目。

◆ 联合考察团向吉林省民间文艺家协会《民间故事》杂志社颁发的锦旗。

◆ 1996年12月4日至12日，联合国教科文组织与中国民协保护民间文学遗产项目考察团赴重庆巴县走马镇调查采录。

▲ 图像志　　○ 第一部分　　● 第二部分　　○ 第三部分
　　　　　　　成立和探索 1950—1966　　新时期再出发 1978—2012　　迈上新征程 2012—2020

◆ 1996年，考察团在重庆走马镇做故事调查。

◆ 1997年2月12日至27日,联合国教科文组织与中国民协保护民间文学遗产项目考察团赴云南大理调查采录,主要考察大理白族大本曲。

▲ 图像志　　○ 第一部分　　● 第二部分　　○ 第三部分
　　　　　　　成立和探索 1950—1966　　新时期再出发 1978—2012　　迈上新征程 2012—2020

◆ 保护中国民间文学遗产项目成果

中日联合江南地区民俗调查

1985年，日本国立历史民俗博物馆访中团的民俗学者与钟敬文等见面，就两国民俗学的交流与合作交换意见。1987年，坪井洋文与福田亚细男再度访问北京，与钟敬文商定以中日联合的形式，对中国江南地区开展民俗调查。但在筹备过程中坪井因病去世，日方交由福田亚细男主持，中方则在钟敬文先生的指导下组织推进。从1989年至2010年，由福田亚细男教授主持，中日联合对江南地区的民俗调查受到日本科研经费长期的资金支持，中国民俗学界对该项目给予积极响应，中国民协及地方文联与民协不懈努力，调查地及各地政府和文化单位积极配合，形成了多方合力。此项目先后持续20余年，中日学者联合组成调查团，以中国江南地区的民俗为对象，开展了6期村落田野调查。根据当年资料统计，参与调查的学者和工作人员达80余人，记录了转型时期中国江南地区的生产、民俗变化动态过程。作为中日学术交流史上首次民俗调查与民俗志书写的科学实践，这一工作极大地推动了中日民俗学科的发展，并培养了一批知名的民俗学家。

▲ 图像志　　○ 第一部分　　● 第二部分　　○ 第三部分
　　　　　　　成立和探索 1950—1966　　新时期再出发 1978—2012　　迈上新征程 2012—2020

◆ 1990年3月10日，调查团在苏州民俗博物馆参观。图中人物左起：张紫晨、何彬、岩井宏实。

◆ 1990年3月13日，浙江兰溪姚村，左起：王恬、陶立璠、张紫晨。

◆ 1990年3月16日，中日联合调查团在浙江丽水山根村田野调查。右一为中方团长张紫晨。

◆ 1990年3月17日，浙江丽水，堰头村，图中人物左起：丽水文化局局长吴刚戟、中方团长张紫晨、日方团长福田亚细男、小林忠雄、小熊诚、浙江文联程士庆。

◆ 1990年12月，日本冲绳，中日联合调查团在冲绳拜谒民俗研究先驱伊波普猷先生墓。上图：何彬（左一）、张紫晨（左三）、巴莫曲布嫫（左四）、刘铁梁（右一）。下图：刘铁梁（左一）、曾士才（左二）、尹成奎（左三）、巴莫曲布嫫（右二）、何彬（右一）。

◆ 1992年9月，浙江杭州，第二期调查团成员合影。

◆ 1992年9月，浙江桐乡，陈德来（左一）、林相泰（左二）、福田亚细男（右一）和当地村民。

▲ 图像志　　○ 第一部分　　● 第二部分　　○ 第三部分
　　　　　　　成立和探索 1950—1966　新时期再出发 1978—2012　迈上新征程 2012—2020

◆ 1997年12月，第三期调查团成员在浙江永嘉蓬溪调查。

◆ 1997年12月，中日联合民俗考察团在蓬溪合影留念。

◆ 1998年8月，浙江永嘉封建村，调查团成员刘铁梁（左二）在村民家中调查。

◆ 1998年8月，浙江永嘉，调查团在蓬溪合影。

▲ 图像志　　　○ 第一部分　　　● 第二部分　　　○ 第三部分
　　　　　　　　成立和探索 1950—1966　　新时期再出发 1978—2012　　迈上新征程 2012—2020

◆ 2000年10月，日本东京，东京大学，学术研讨会，中日双方成员合影。

◆ 2000年10月，日本大阪，调查团一行访问日本国立民族学博物馆，与被誉为"日本食文化研究第一人"的石毛直道馆长（第一排左二）会谈。

◆ 2000年10月，日本滋贺，中主町，调查采访村民。图中人物：陈勤建（右二）、周星（左二）

◆ 2007年8月29日至9月7日,中日民俗考察团在浙江衢州地区完成考察选点工作,计划用4年时间进行深入调查,并同时探讨非物质文化遗产保护方法与手段。图为中日江南民间文化保护项目组成员与当地民间文化保护工作者在浙江龙游合影。

▲ 图像志　　○ 第一部分　　● 第二部分　　○ 第三部分
　　　　　　　成立和探索 1950—1966　　新时期再出发 1978—2012　　迈上新征程 2012—2020

◆ 2008年8月31日，项目组成员在浙江省衢州市龙游县三门源村调查。

◆ 2008年9月3日至5日，浙江宁波，中日非物质文化遗产保护鄞州论坛。

195

◆ 2009年9月22日,日本横滨,神奈川大学,中日非物质文化遗产保护研讨会。

◆ 2009年12月31日,浙江衢州,日本学者小熊诚(左二)、中国民协冯莉(右二)与当地村民和翻译在龙游县三门源村调查合影。

▲ 图像志　　○ 第一部分　　● 第二部分　　○ 第三部分
　　　　　　　成立和探索 1950—1966　　新时期再出发 1978—2012　　迈上新征程 2012—2020

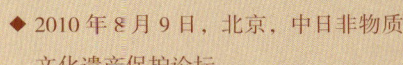

◆ 2010 年 8 月 9 日，北京，中日非物质文化遗产保护论坛。

◆ 2010年8月27日，浙江龙游，三门源村，中日江南民间文化保护项目组成员与当地村民合影。

▲ 图像志　　○ 第一部分　成立和探索 1950—1966　　● 第二部分　新时期再出发 1978—2012　　○ 第三部分　迈上新征程 2012—2020

◆ 中日联合江南地区民俗调查成果

保护中国少数民族无形文化遗产·民歌保护行动

2004年3月16日,"保护中国少数民族无形文化遗产·民歌保护行动"成果新闻发布会在北京召开。此行动计划于2000年12月10日正式签署,按照实施方案,2001年至2002年,中国民协和联合国教科文组织北京办事处组成的考察组先后到广西、甘肃、青海进行考察,在13个县的23个乡镇,采访了10个民族的235名歌手,录音3120分钟,录像3420分钟,采录各类民歌385首,内容有情歌、仪式歌、生活歌、劳动歌、儿歌、历史传说歌和各民族独有的叙事歌,以及款词等,从歌种上分有勒脚歌、盘歌、琵琶歌、信歌、花儿、酒曲、宴席曲、玉儿、拉依、小调等。这次考察采录按照科学的田野调查方式,面对面现场采录,确保资料的真实性;运用录音、录像等现代手段,不仅保存了歌手演唱时语言、音乐、民俗的原始风貌,而且有利于对民歌的含义与歌手的情感进行全面的科学研究;记录、整理时采用了民族语言、汉语、英语、国际音标同步标注和互译的方式,既便于科学记录,又便于多种层次和范围的文化交流;特别是联合国教科文组织的参与,使用和借鉴了国际学术界的先进理论,让中国民族民间文化的抢救工作引起国际关注,此举不仅唤起国内各有关方面以及全社会珍爱自己的民族文化遗产,也为今后开展考察采录创造了良好的社会条件。

▲ 图像志　　○ 第一部分　　● 第二部分　　○ 第三部分
　　　　　　　成立和探索 1950—1966　　新时期再出发 1978—2012　　迈上新征程 2012—2020

◆ 2001年7月17日，青海同仁，少数民族民歌保护项目考察组采访格萨尔艺人。

◆ 2002年4月，广西三江六甲村，少数民族民歌保护项目考察组专家罗吴浩采访六甲老歌师。

◆ 2002年7月18日，青海循化，少数民族民歌保护项目考察组在黄河边合影。

201

◆ 2002年7月29日，甘肃肃南，康乐区杨哥乡，考察组采访裕固族歌手。

◆ 2003年1月，广西南丹县里湖乡，考察组采访白裤瑶族歌手。

▲ 图像志　　○ 第一部分　　　　　　● 第二部分　　　　　　○ 第三部分
　　　　　　　成立和探索 1950—1966　　新时期再出发 1978—2012　　迈上新征程 2012—2020

◆ 2004年3月16日，北京，中国少数民族无形文化遗产保护项目·民歌保护行动成果新闻发布会。

◆ 中国少数民族无形文化遗产保护项目宣传册
◆ 保护少数民族民歌行动成果报告

国际萨满文化学术研讨会

2004年8月22日至24日，第七届国际萨满文化学术研讨会在吉林长春举办。国际萨满文化学术研讨会每两年举办一次，本届是首次在中国举办，由中国民协、国际萨满学会、长春市人民政府共同主办。来自英国、日本、韩国、俄罗斯、美国、德国、中国等22个国家的近百位专家学者围绕中国萨满文化宏观研究、中国萨满文化个案考察报告、区域萨满文化研究、萨满艺术研究、萨满文化比较研究等议题宣读了最新研究成果，进行了广泛而热烈的讨论。萨满文化是世界民间文化遗产中一种独特而迷人的形态，作为一种蕴藏丰富、覆盖广泛的世界性原始宗教文化，蕴含着深厚的历史和文化价值，是世界文化与中国文化的有机组成部分。目前，它在我国北方众多民族中依然有着广泛而大量的活态遗存。吉林省是中国萨满文化流布的一个重要区域，至今仍保存着很多萨满文化遗存，与会学者对吉林省内的萨满文化遗存进行了详细的科学考察。

▲ 图像志　　○ 第一部分　　● 第二部分　　○ 第三部分
　　　　　　　成立和探索 1950—1966　　新时期再出发 1978—2012　　迈上新征程 2012—2020

◆ 2004年8月，吉林长春，第七届国际萨满文化学术研讨会。

◆ 左图为研讨会，右图为参观考察。

◆ 2004年8月,吉林长春,第七届国际萨满文化学术研讨会。其间,与会代表考察萨满仪式。

| 图像志 | ○ 第一部分　成立和探索 1950—1966 | ● 第二部分　新时期再出发 1978—2012 | ○ 第三部分　迈上新征程 2012—2020 |

◆ 2004年8月，吉林长春，第七届国际萨满文化学术研讨会。其间，与会代表调研鄂伦春族民间文化。

◆ 《萨满文化辩证——国际萨满学会第七次学术讨论会论文集》（中英文版），白庚胜、米哈伊·霍帕尔主编，大众文艺出版社，2006年。

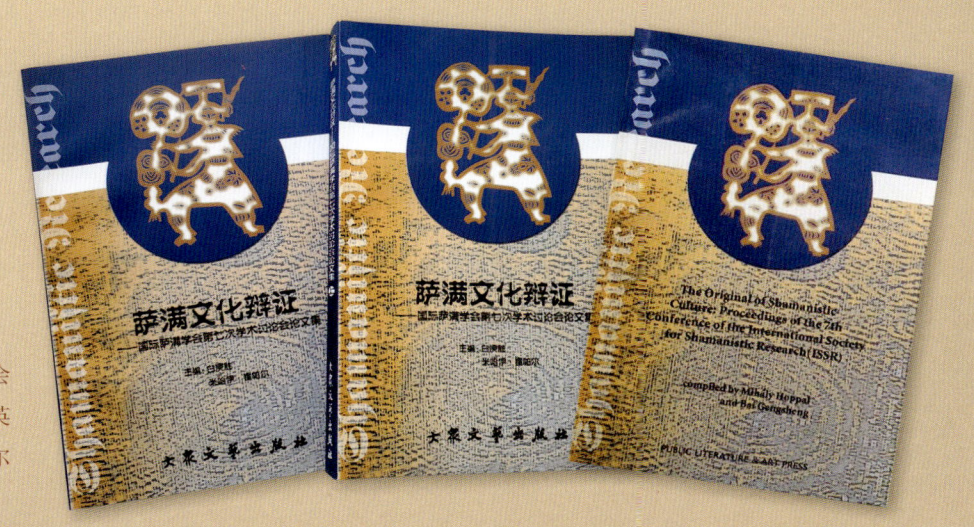

国际傩文化学术研讨会

2005年6月12日至15日，国际傩文化学术研讨会在江西举行。来自中国、日本、韩国、美国、法国、德国、墨西哥、比利时、伊朗等国家160余名中外学者展开了热烈的讨论。议题包括：傩文化研究的理论与方法论、傩文化发生源、傩的各种样式、傩与民间信仰、傩与民间艺术、傩与民间医药、乡村祭祀仪式及傩文化个案调查、傩文化传播及影响、傩文化比较研究、城市化和信息化进程中的傩文化嬗变与保护等。6月14日至15日，与会领导及中外学者、嘉宾、代表、新闻媒体200余人赴江西省南丰县三溪乡石邮村进行田野考察。考察期间，全体代表和嘉宾观看了南丰傩舞展演晚会，参观了南丰县石邮村傩神庙，考察了石邮村完整的傩仪表演。田野考察与会议期间的中外傩艺术展演、傩面具展览、踩街表演等系列活动，充分体现了学者与研究对象的互动。

◆ 2005年6月12日至15日，中国文联、江西省人民政府、中国民协联合主办中国江西国际傩文化艺术周。图为艺术周期间举办的国际傩文化学术研讨会。

◆ 江西南丰石邮村傩神庙

◆ 2005年6月,出席傩文化艺术周的中外学者考察南丰石邮村傩舞傩仪表演。

◆ 2005年6月13日,江西南丰,石邮村祠堂,参会学者考察观摩傩戏片段《傩公傩婆》。

◆ 2005年6月，江西南丰石邮村，当地傩文化传承人表演传统仪式。

◆ 《追根问傩——国际傩文化学术研讨会论文集》，白庚胜、俞向党、钟健华主编，江西出版集团·江西人民出版社，2007年。

中国神话学国际学术研讨会

2006年8月11日至16日,中国神话学国际学术研讨会在河南周口召开。此次活动由中国文联、中国民协、河南省文联、河南周口市人民政府主办。本次国际文化交流活动是中国神话学研究史上规格最高、规模最大的一次盛会。来自芬兰、比利时、美国、德国、日本、墨西哥等国家的专家学者和中国(包括港澳台地区)的150余位专家学者参加了会议。大会于11日在周口举行开幕式,并进行大会研讨,13日、14日考察泌阳、桐柏盘古神话及新郑轩辕故里,15日在河南大学举行中国神话与黄河文明历史发展座谈会,考察禹王台、清明上河园,16日在郑州闭幕。这次会议围绕中国神话学百年回顾与展望、国际神话学对中国神话学的影响、中国神话学对国际神话学的贡献、中国神话学方法论研究、中国神话学本体研究、中国神话学与民族文化和民族精神、中国神话学与构建和谐社会之关系、中国神话学个案研究、中国神话学流派及其学者研究等议题展开研讨。

◆ 2006年8月11日，河南周口，中国神话学国际学术研讨会。

◆ 2006年8月12日，出席中国神话学国际学术研讨会的专家在河南淮阳太昊陵考察。

◆ 2006年8月14日，中国神话学国际研讨会考察期间，时任中国民协分党组书记白庚胜接受当地媒体采访。

◆ 2006年8月15日，河南淮阳，中国神话学国际研讨会考察合影。图中人物：白庚胜（左三）、墨西哥学者鲁西亚·阿兰（右二）、伏羲文化研究专家杨复竣（左二）。

▲ 图像志　　○ 第一部分　　● 第二部分　　○ 第三部分
　　　　　　　成立和探索 1950—1966　　新时期再出发 1978—2012　　迈上新征程 2012—2020

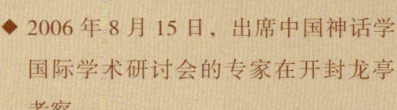

◆ 2006年8月15日，出席中国神话学国际学术研讨会的专家在开封龙亭考察。

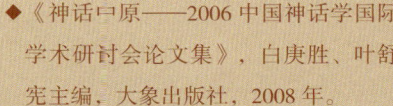

◆《神话中原——2006中国神话学国际学术研讨会论文集》，白庚胜、叶舒宪主编，大象出版社，2008年。

四

中国民间文化遗产抢救工程

为了贯彻党的十六大提出的关于"扶持对重要文化遗产和优秀民间艺术的保护工作,扶持老少边穷地区和中西部地区的文化发展"的精神,中国民协在经济和社会转型期,担负起时代赋予的光荣职责和历史使命。在时任中国民协主席冯骥才的倡议及文化界知名人士支持下,中国民协于2002年组织实施了"中国民间文化遗产抢救工程"(下称"抢救工程")。"抢救工程"立足于时代的高度,着眼于科学性、全面性、代表性、艺术性,以文字、图片、录音、摄影、摄像立体记录,对各种文化事项作综合调查,目的在于摸清中国民间文化的家底,全面呈现和展示中国民间文化的生态,确立中国民间文化保护的体系和对象,"抢救工程"的设计规划、示范试点、调查编纂以至各种成果形式,从一开始就赢得了国家的支持、各地的广泛认同和积极响应。

十余年间,中国民协带领全国广大民间文化工作者,对散落在中国大地的民间文化遗产进行了深入、广泛、全面的普查,完成了大量民间文化田野调查、信息采集、项目登记、分类及档案化存录,并配合政府文化管理部门与各级政府进行非遗项目及其代表性传承人名录的评审与确立,逐渐盘清了民间文化的家底,取得了综合性的田野文化成果。

"抢救工程"内与国家非物质文化遗产保护工作相互配合,外与联合国教科文组织的人类非物质文化遗产保护运动遥相呼应,谱写了21世纪于局中国民间文化抢救与保护的宏大乐章。工程以巨大的文化影响力推动了我国一系列重要文化政策的出台,催生了一些重要的文化制度的制定和施行。时至今日,"抢救工程"的工作仍在继续,并不断取得新经验、新成果,为我国民间文化的理论与实践做出了新的贡献。

◆ 2001年11月23日,由钟敬文先生筹备的"中国民俗学学科建设及人才培养"专题研讨会在北京师范大学召开,启功、季羡林、于光远等与会,冯骥才在会上发出抢救民间文化的呼吁,并公开中国民协主席团决定要组织全国民间文艺家对民间文化遗产进行抢救的规划。

▲ 图像志　　○ 第一部分　成立和探索 1950—1966　　● 第二部分　新时期再出发 1978—2012　　○ 第三部分　迈上新征程 2012—2020

◆ "抢救中国民间文化遗产呼吁书"签名名单。

◆ 2002年2月26日，北京，中国民间文化遗产抢救工程研讨会。
◆ 2003年2月18日，北京，中国民间文化遗产抢救工程新闻发布会。

◆ 图像志　○ 第一部分　成立和探索 1950—1966　● 第二部分　新时期再出发 1978—2012　○ 第三部分　迈上新征程 2012—2020

文化宣传（149）

政协九届五次会议提案第 2543 号

案　由：关于紧急抢救民间文化遗产的提案
审查意见：建议中国文联会同文化部研究办理
内　容：在全球化时代，世界各国各民族都日益重视自己的民族民间文化。世界文化的大走向是本土化。这因为民间文化是一个民族精神情感的载体，是民族凝聚力与亲合力之所在，是民族特征与个性最鲜明的表现，是民族文化的根基与源头。

我国是文化古国与大国。民间文化博大而灿烂，但由于认识上的种种误区及盲点，同时又没有法规保护，尤其在现代化大潮中，面临着"摧枯拉朽"般的灾难。无数珍贵民间技艺随着老艺人逝去而销亡；大片大片风格各异的古老民居及其蕴含其中的历史文化精华正被推土机推倒铲除；大量民间文化的典型器物流失海外。民间年画、皮影、傩戏、剪纸等等经典民间艺术随其生存土壤与环境的破坏而日渐式微。对于一切，我们尚未做记录，即已消亡。我们优秀的文化传统及其财富正在急速的流失与消亡。

民间文化遗产具有原始生态的性质，都是无法再生的。因而挽救和保护民族民间文化遗产迫在眉睫，刻不容缓。20世纪60年代日本与法国在现代化高潮时刻，都不约而同地开展了挽救和整理民间文化遗产的国家工程。他们对自己的文化财富进行全面和科学的普查与记录，理清家财，颁布相

— 1 —

◆ 2002 年 3 月，《关于紧急抢救民间文化遗产的提案》。

中民文抢字第 370 号
2002年 10月 15日

全国哲学社会科学规划办公室

2002 年度国家社会科学基金特别委托项目立项通知书

中国民间艺术家协会：

根据刘云山等中宣部领导的批示，我办会同文艺局对你协会申请"中国民间文化遗产抢救工程"前期工作经费的请示进行了研究，决定以国家社科基金特别委托项目的形式予以支持。现报经全国哲学社会科学规划领导小组批准，已将《中国民间文化遗产抢救工程》列为 2002 年度国家社科基金特别委托项目，批准号为 02@ZH010，资助经费 30 万元，一次性拨付。待项目完成，可适当补助部分出版经费。请填写《国家社科基金特别委托项目委托书》和回执并尽快寄回我办，我办收到回执后拨款。请根据《国家社会科学基金特别委托项目暂行管理办法》及其他有关规定，认真开展研究工作，取得预期研究成果。研究成果出版或向有关领导、决策部门报送时，请在醒目位置标明"国家社科基金特别委托项目"字样。

全国哲学社会科学规划办公室

◆《2002 年度国家社会科学基金特别委托项目立项通知书》。

◆《中国民间文化遗产抢救工程普查手册》，冯骥才主编，高等教育出版社，2003 年。

221

◆ 2004年3月26日至28日，浙江杭州，中国民间文化遗产抢救工程中期推进会，全国人大常委会副委员长许嘉璐在开幕式上发言。

◆ 2005年11月13日，北京，出版界支持中国民间文化遗产抢救工程成果发布会。

▲ 图像志　　○ 第一部分　　● 第二部分　　○ 第三部分
　　　　　　　成立和探索 1950—1966　　新时期再出发 1978—2012　　迈上新征程 2012—2020

◆ 2015年6月3日，山西榆次，后沟村，文化先觉的脚步——中国民间文化遗产抢救工程巡礼活动，发表了标志民间文化遗产抢救工程后时代的《后沟宣言》。

中国木版年画集成

木版年画是我国年文化的重要表征之一,它十分清晰地描绘出农耕时代人们的精神向往,形象展示了中国民众的审美理想,生动刻画了岁月长河中社会生活的世态百相。它是中国古代四大发明之"造纸术"与"雕版印刷术"的绝妙结合体。年画遍布全国各地,地域风格多样,手法纷繁,技艺精湛。在社会转型的当代,许多年画作坊偃旗息鼓、艺人转行,大批的珍贵画版流落散失。2002年10月,中国民协在河南开封启动的年画普查工作,成为中国民间文化遗产抢救工程的龙头与开端。在中国民协分党组领导和中国民协主席冯骥才主持下,各省按照《普查手册》和《年画普查提纲》组织人员进行跨学科、多角度的调查,普查内容包括:产地历史、村落人文、代表作、遗存分类、张贴习俗、工艺流程、工具材料、传承谱系、营销范围和相关传说与故事。普查结果按照程序和标准进行分类、甄选、整理和撰写,并配合影像资料,制成该地域的年画文化档案。22卷本《中国木版年画集成》于2011年4月全部完成出版,其中包括300万字、1万幅图片、1000多分钟的动态影像光盘,首次全景式集中呈现了中国木版年画的前世今生,是国家文化遗产的重要档案。

▲ 图像志　　○ 第一部分　　● 第二部分　　○ 第三部分
　　　　　　　成立和探索 1950—1966　新时期再出发 1978—2012　迈上新征程 2012—2020

◆ 2002年10月，河南朱仙镇，首届中国木版年画国际研讨会，年画普查工作正式启动。

◆ 2003年12月，山东潍坊，中国民协在杨家埠年画产地召开中国木版年画中期推进会。

225

◆ 2003年10月，中国民协对武强贾氏屋顶秘藏的年画古版进行紧急抢救，图为冯骥才（右）与郑一民（左）在现场投入鉴定工作。

◆ 2005年3月，作为中国民间文化遗产抢救工程首批实施项目的中国木版年画专项示范本，《中国木版年画集成·杨家埠卷》由中华书局出版，中国民协在人民大会堂举行隆重的发布会。

■ 图像志　　○ 第一部分　　● 第二部分　　○ 第三部分
　　　　　　　成立和探索 1950—1966　　新时期再出发 1978—2012　　迈上新征程 2012—2020

◆ 2008年，紧急保护羌族文化遗产专家工作组看望绵竹年画艺人陈兴才一家。

◆ 2011年3月，杨柳青历史上著名的画乡"南乡三十六村"面临拆迁，冯骥才一行前往慰问《缸鱼》传承人王学勤老人，并紧急部署古画乡"临终抢救"工作。

◆ 2011年4月,北京,中国木版年画抢救与保护工作成果发布暨总结表彰会。

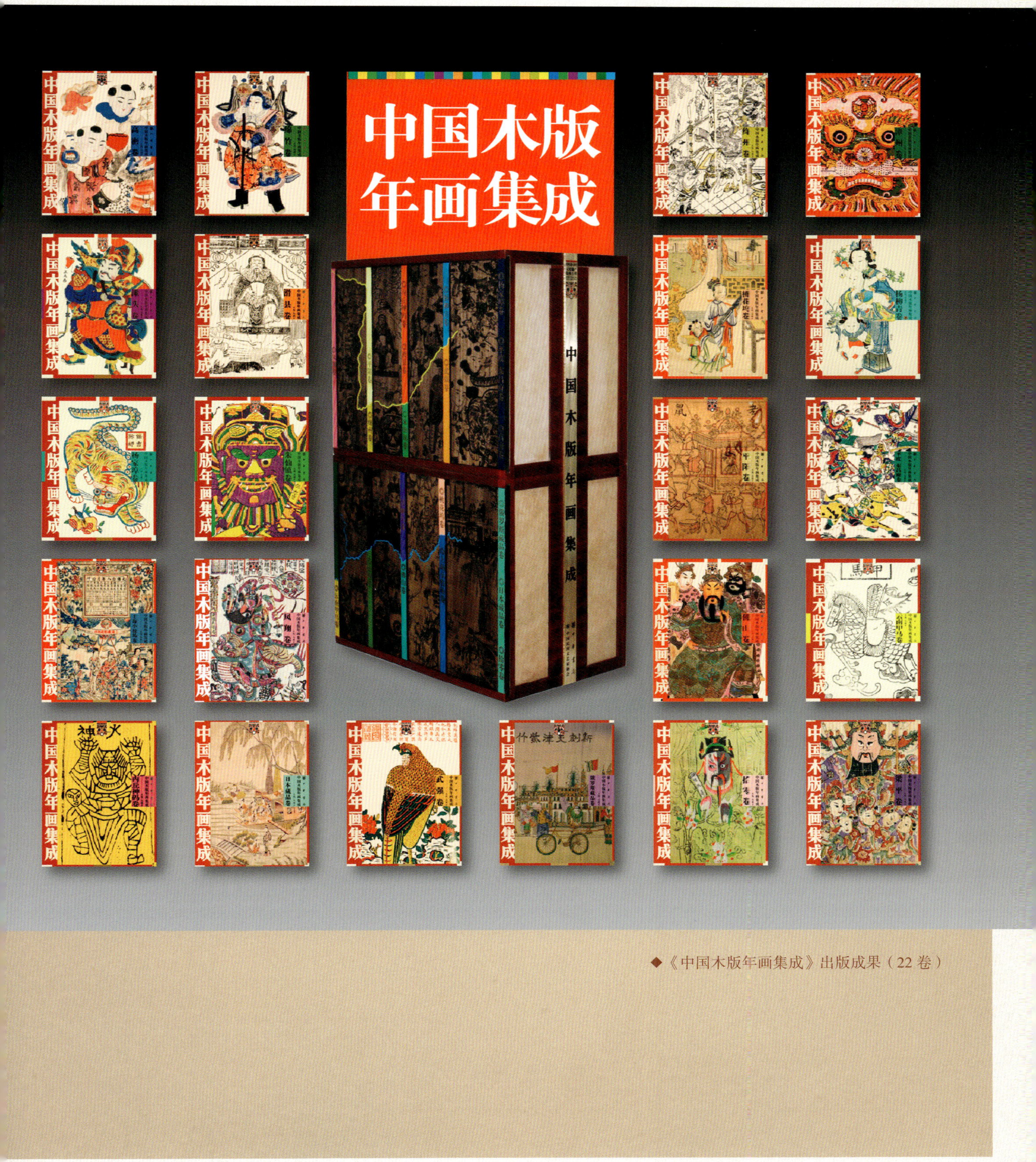

▲ 图像志　　○ 第一部分　成立和探索 1950—1966　　● 第二部分　新时期再出发 1978—2012　　○ 第三部分　迈上新征程 2012—2020

◆《中国木版年画集成》出版成果（22卷）

◆《中国木版年画传承人口述史丛书》
　出版成果（14本）

图像志　　○ 第一部分　　● 第二部分　　　　　　○ 第三部分
　　　　　　成立和探索 1950—1966　　新时期再出发 1978—2012　　迈上新征程 2012—2020

◆ 2011年11月，中国民协、天津大学冯骥才文学艺术研究院联合主办"硕果如花：中国木版年画普查成果展2001—2011"。

◆《中国木版年画抢救与保护全记录2002—2011》，中国民间文艺家协会编，2012年。

◆ 2011年11月5日，天津，中国木版年画国际论坛在天津大学冯骥才文学艺术研究院召开。

◆ 2011年11月，时任中国文联党组副书记、副主席李屹（右二），天津大学校长李家俊（右一）参观中国木版年画普查成果展。

▲ 图像志　　○ 第一部分　　　　　● 第二部分　　　　　○ 第三部分
　　　　　　　　成立和探索 1950—1966　　新时期再出发 1978—2012　　迈上新征程 2012—2020

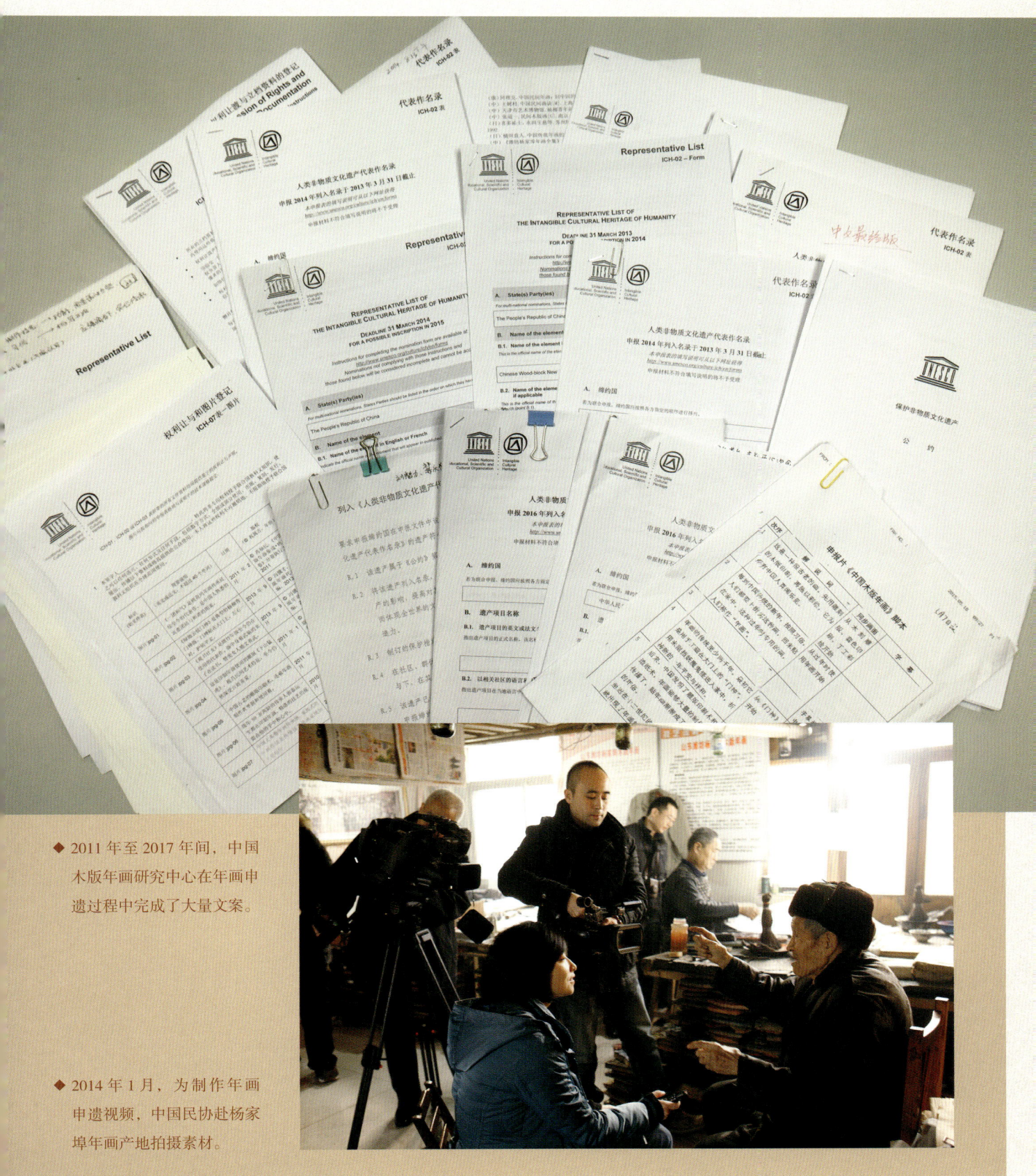

◆ 2011 年至 2017 年间，中国木版年画研究中心在年画申遗过程中完成了大量文案。

◆ 2014 年 1 月，为制作年画申遗视频，中国民协赴杨家埠年画产地拍摄素材。

▲ 图像志　　○ 第一部分　成立和探索 1950—1966　　● 第二部分　新时期再出发 1978—2012　　○ 第三部分　迈上新征程 2012—2020

◆ 杨柳青《金蟾富贵》

◆ 杨柳青《绿地云纹门神》（又

▲ 图像志　　○ 第一部分　　● 第二部分　　○ 第三部分
　　　　　　　成立和探索 1950—1966　　新时期再出发 1978—2012　　迈上新征程 2012—2020

◆ 平度《龙凤配 回荆州》

◆ 桃花坞《和合致祥 一团和气》

中国民间剪纸集成

作为我国民间文化遗产重要组成部分的传统剪纸，广泛应用于民俗文化活动中，与人们群众的民俗生活相融相生，其纹饰和色彩的应用都具有深刻的文化内涵和寓意，记载了中国传统文化在民间传承、发展及演变的轨迹，反映了民众精神世界的状态。《中国民间剪纸集成》是中国民间文化遗产抢救工程首批全国性专项之一，旨在为濒临消失的中国传统剪纸建立文化档案，由冯骥才先生任总主编。全国以重要剪纸产地和文化区域为单位立卷，采用文字、摄影、摄像的方式，不仅完整地记录遗存在各地的剪纸艺术成果以及剪纸创作、传播、张贴的全过程，同时也全面、真实、深入地揭示和阐释各地民间剪纸的形成和发展脉络以及其深厚的农耕文化底蕴。《中国民间剪纸集成》自 2003 年 10 月开始试点实施，截至 2020 年底，本项目一期启动了 30 卷，涵盖河北、河南、辽宁、吉林、黑龙江、内蒙古、甘肃、新疆、陕西、山西、山东、江苏、浙江、福建、广东、云南、贵州、四川、湖南、湖北等 20 个省、自治区，其中《蔚县卷》《豫西卷》《医巫闾山卷》《和林格尔卷》《陕北卷》《豫北卷》《乐清卷》《湖湘卷》《关中卷》等 9 卷已经出版。

◆ 2003年8月26日，河北蔚县，中国民间文化遗产抢救工程剪纸专项工作会议。

◆ 2003年，乔晓光拍摄民间剪纸申遗片时，在陕北延川发现古老的"剪纸招魂"习俗。

◆ 2006年6月21日，北京，中国剪纸集成蔚县卷发布会。

◆ 2007年，江苏扬州，《中国民间剪纸集成》中期推进会，会上推广了中国剪纸集成示范本蔚县卷的工作方法、原则、体例、要求等。

| 图像志 | 第一部分 成立和探索 1950—1966 | 第二部分 新时期再出发 1978—2012 | 第三部分 迈上新征程 2012—2020 |

◆ 2011年7月6日,河北蔚县,第二届中国剪纸艺术节暨首届蔚县国际剪纸艺术节开幕,来自世界16个国家和国内25个省市区的1600多名剪纸艺术家、专家学者齐聚蔚县。

◆ 冯骥才走访和林格尔民间剪纸艺人康枝儿大娘。
◆ 2014年7月10日,北京,中国民协中国剪纸研究中心成立大会。

| 图像志 | ○ 第一部分　成立和探索 1950—1966 | ● 第二部分　新时期再出发 1978—2012 | ○ 第三部分　迈上新征程 2012—2020 |

◆ 中国民协赴陕北剪纸考察组与剪纸传承人郭佩珍交流。

◆ 《〈中国民间剪纸集成〉田野调查与编撰工作手册》，中国民间文艺家协会编制，乔晓光主编，河北教育出版社，2015年。

◆ 2017年10月,《中国民间剪纸集成》中期推进会,来自18个省、自治区的剪纸项目负责人出席会议。

▲ 图像志　　○ 第一部分　成立和探索 1950—1966　　● 第二部分　新时期再出发 1978—2012　　○ 第三部分　迈上新征程 2012—2020

◆《中国民间剪纸集成》出版成果

▲ 图像志　　○ 第一部分　　　　　　● 第二部分　　　　　　○ 第三部分
　　　　　　　成立和探索 1950—1966　　新时期再出发 1978—2012　　迈上新征程 2012—2020

◆ 部分剪纸作品

中国民间文化杰出传承人

人民是文化创造活动的生力军，他们以杰出的智慧、卓越的才能，承继民族文化的传统、精神与形式，推进民族文化的发展、繁荣与创新，自觉或不自觉地担当起传递民族文化薪火、演进民族文化生命的重责。民间文化传承人扎根民间、拥抱生活、延续历史、恪守传统，矢志不渝地推进着中华文明的历史车轮。人在艺在，人亡艺绝，传承人是最宝贵的资源。中国民协于2002年启动实施的中国民间文化遗产抢救工程，始终将传承人调查做为重要工作。自2005年以来，针对全国的民间文化杰出传承人调查和认定工作得到了中宣部支持，得以单独立项，在全国范围内扎扎实实开展。2007年6月，中国文联及中国民协决定正式命名包括民间口头文学、民间表演艺术、民间手工技艺、民俗技能四大部类在内的首批中国民间文化杰出传承人166名，为传承人的保护工作开了新局，为国家非物质文化遗产代表性传承人名录的评定提供了方法和经验。

▲ 图像志　　○ 第一部分　　● 第二部分　　○ 第三部分
　　　　　　　成立和探索 1950—1966　　新时期再出发 1978—2012　　迈上新征程 2012—2020

◆ 2005年3月21日，北京，中国民间文化遗产抢救工程首批成果出版暨中国民间文化杰出传承人调查认定和命名项目发布会。

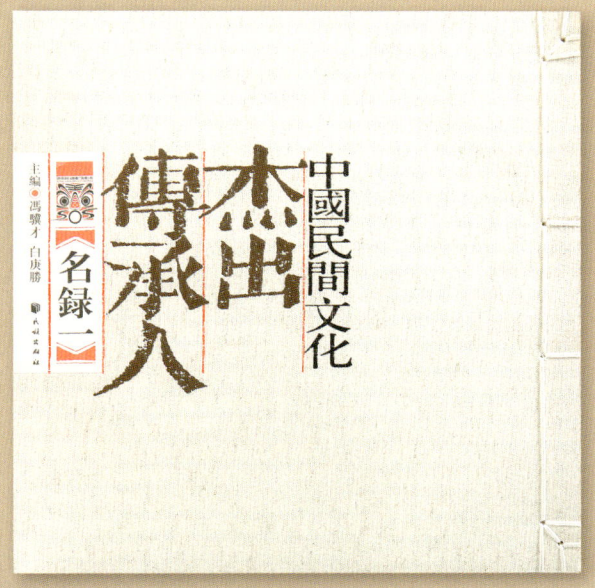

◆《中国民间文化杰出传承人名录一》，冯骥才、白庚胜主编，民族出版社，2007年。
◆《中国民间文化杰出传承人名录二》，冯骥才、罗杨主编，民族出版社，2014年。

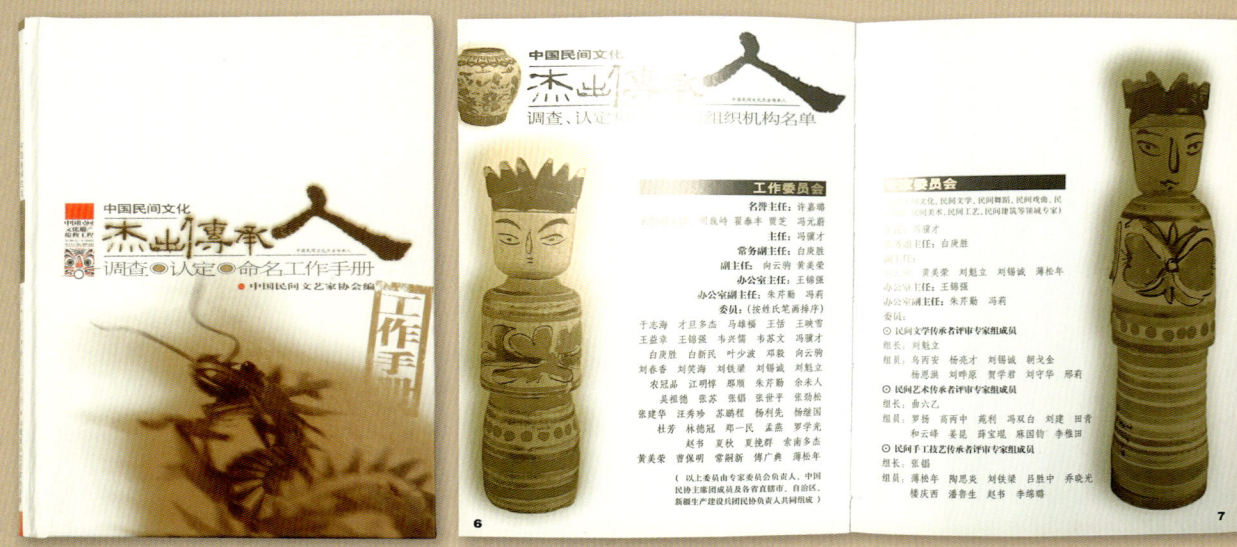

◆《中国民间文化杰出传承人调查·认定·命名工作手册》,中国民间文艺家协会编,2005年。

◆ 2007年6月3日,中国文联、中国民协在人民大会堂举行首批中国民间文化杰出传承人命名仪式,命名才让旺堆等166人为首批中国民间文化杰出传承人。

▲ 图像志　　○ 第一部分　　● 第二部分　　○ 第三部分
　　　　　　　成立和探索 1950−1966　　新时期再出发 1978−2012　　迈上新征程 2012−2020

◆ 2007年6月3日，北京，首批中国民间文化杰出传承人命名仪式会场。

255

◆ 黑龙江海伦剪纸杰出传承人傅作仁向孙子传授着色技艺。

◆ 山西上党地区堆锦工艺传承人涂必成

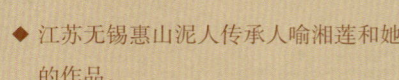

◆ 江苏无锡惠山泥人传承人喻湘莲和她的作品。

▲ 图像志　　○ 第一部分　　● 第二部分　　○ 第三部分
　　　　　　　　成立和探索 1950—1966　　新时期再出发 1978—2012　　迈上新征程 2012—2020

◆ 天津南开风筝制作传承人魏国秋
　和他的镂空风筝作品。

◆ 天津杨柳青年画传承人霍庆有
◆ 云南迪庆东巴舞蹈传承人习阿牛

257

◆ 辽宁海城高跷秧歌传承人杨敏、王连成

◆ 黑龙江呼玛萨满舞蹈传承人关扣尼

◆ 福建厦门漆线雕工艺传承人蔡水况

▲ 图像志　　○ 第一部分　　● 第二部分　　○ 第三部分
　　　　　　　　成立和探索 1950—1966　　新时期再出发 1978—2012　　迈上新征程 2012—2020

◆ "泥人张"传承人张锠

◆ 江苏南通蓝印花布传承人吴元新

◆ 山东潍坊木版年画传承人杨洛书

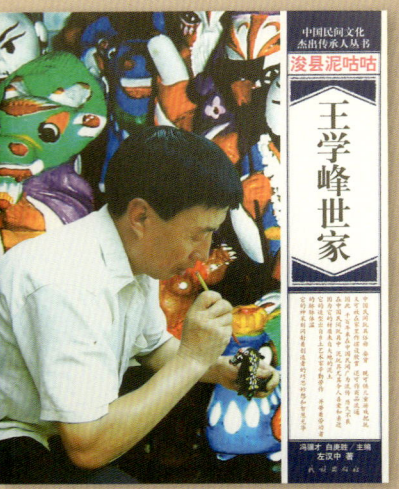

▲ 图像志　　○ 第一部分　　● 第二部分　　○ 第三部分
　　　　　　　成立和探索 1950—1966　　新时期再出发 1978—2012　　迈上新征程 2012—2020

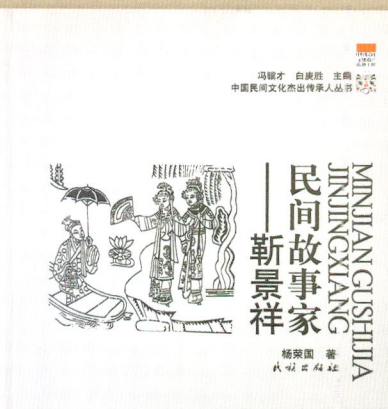

◆《中国民间文化杰出传承人丛书》
　　部分出版成果

中国唐卡艺术集成

"唐卡"是藏语译音,意为卷轴画,是以藏文化历史和佛教经典所述为基本题材绘制而成的独具特色的古老的绘画艺术形式之一。唐卡是积累了千百年的生活智慧和艺术经验形成的藏传佛教重要艺术形式,为阐释藏传佛教教义内涵和艺术表现,提供了极为重要的途径。在千年传承中,唐卡流布区域广泛,形成了不同风格的画派,并涌现出许多著名的唐卡艺人。随着社会转型、市场经济影响和外来文化冲击,唐卡的传承和发展受到阻碍,如艺人辍艺,大量珍贵的艺术品遭到损毁和流失,优秀的传统技艺传承链条面临断裂的危境。本着"边疆优先、少数民族优先、濒危优先"的中国民间文化遗产抢救工程立项原则,2004年3月,《中国民间文化遗产工程唐卡艺术专项调查工作实施方案》(以下简称《唐卡调查工作实施方案》)在中国民协召开的"中国民间文化遗产抢救工程中期推进会暨中国民协2004工作会议"上提出。自此,唐卡项目正式列入"中国民间文化遗产抢救工程"系列,由国家层面主导的唐卡调查和资料搜集工作正式启动。2008年至2011年《中国唐卡艺术集成·吾屯卷》《中国唐卡艺术集成·藏娘卷》《中国唐卡艺术集成·德格八邦卷》相继出版,为唐卡文化的保护工作提供了科学规范的档案依据。

▲ 图像志　　○ 第一部分　　　　● 第二部分　　　　　○ 第三部分
　　　　　　　成立和探索 1950—1966　新时期再出发 1978—2012　迈上新征程 2012—2020

◆ 2006年7月，四川甘孜八邦寺唐卡调查成员合影。

◆ 2007年，《中国唐卡艺术集成》青海地区调查组合影。

◆ 2007年，《中国唐卡艺术集成·藏娘卷》调查期间在通天河遇险救车。

◆ 2008年1月30日，北京，《中国唐卡艺术集成·吾屯卷》首发式。

◆ 2010年5月12日，北京，紧急抢救地震灾区文化遗产成果发布会，《中国唐卡艺术集成·玉树藏娘卷》发布。

▲ 图像志　　○ 第一部分　　　　　　● 第二部分　　　　　　○ 第三部分
　　　　　　　成立和探索 1950—1966　　新时期再出发 1978—2012　　迈上新征程 2012—2020

◆ 2012年3月，北京，《中国唐卡艺术集成》中期推进会合影。

◆ 唐卡项目先期成果

中国古村落抢救与保护

20世纪80年代以来，中国大地上的城镇建设如火如荼，农耕文化逐渐式微，包括传统村落在内的民间文化遗产正面临着急速消逝的局面。2004年10月，冯骥才、乌丙安、向云驹、乔晓光和潘鲁生等专家和民协工作人员从各地集结在山西榆次后沟村，为编写《中国民间文化遗产抢救工程普查手册》开展村落采样调查，这次学术考察行动成为中国民协古村落保护项目起点。随后，中国民协专家先后多次赴山西、河北、浙江、山东等地进行深入村落调研，并发表重要文章、讲演，召开关于古村落保护与发展方面的学术会议，如首届"抢救、保护和开发民间文化遗产"县（市）长论坛（2004）、"中国古村落保护"（西塘）国际高峰论坛（2006）、"婺源·第三届中国古村落保护与发展研讨会"等学术会议。2007年，中国民协七届三次主席团中发布"关于实施中国古村落抢救性普查工作的通知""中国古村落抢救性普查工作（目录）""《中国古村落名录》（以省立卷）编撰体例及细目"以及"关于实施中国古村落全面普查项目的决议"等系列文件。中国民协带领文艺工作者呼吁认识村落价值，保护村落的文化，落实并构建古村落学术行动，探索建立国家层面的保护计划。2011年，冯骥才在中央文史研究馆成立60周年座谈会上做了《为紧急保护古村落再进一言》的主题发言，得到时任总理温家宝的回应。在冯骥才的倡议和推动下，住建部牵头四部委共同参与的中国传统村落名录保护体系逐步建立起来。

| ▲ 图像志 | ○ 第一部分
成立和探索 1950—1966 | ● 第二部分
新时期再出发 1978—2012 | ○ 第三部分
迈上新征程 2012—2020 |

◆ 2002年11月，山西后沟村，古村落采样调查。

◆ 2006年4月，浙江嘉善，中国古村落保护（西塘）国际高峰论坛，图中讲话者为联合国教科文组织北京办事处代表青岛泰之。

◆ 2012年3月，贵州台江，反排苗寨考察合影。

▲ 图像志　　○ 第一部分　　　　　● 第二部分　　　　　○ 第三部分
　　　　　　　成立和探索 1950—1966　新时期再出发 1978—2012　迈上新征程 2012—2020

◆ 2012年5月，《中国古村落代表作》编纂工作座谈会合影。

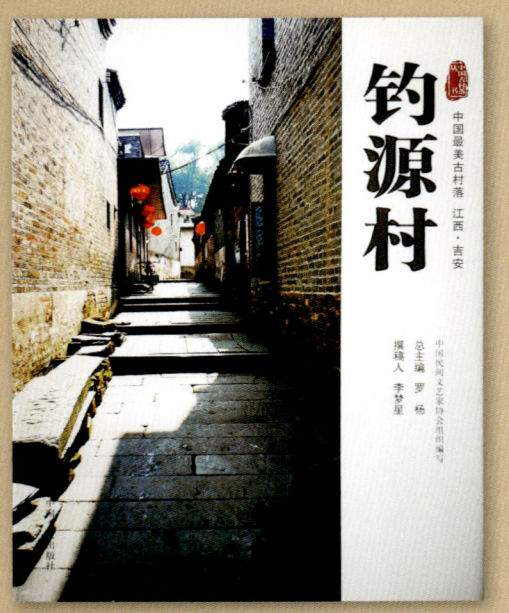

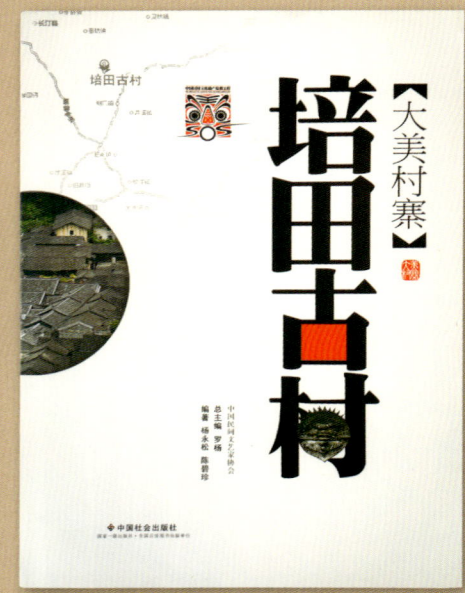

▲ 图像志　　○ 第一部分　　● 第二部分　　○ 第三部分
　　　　　　　成立和探索 1950—1966　　新时期再出发 1978—2012　　迈上新征程 2012—2020

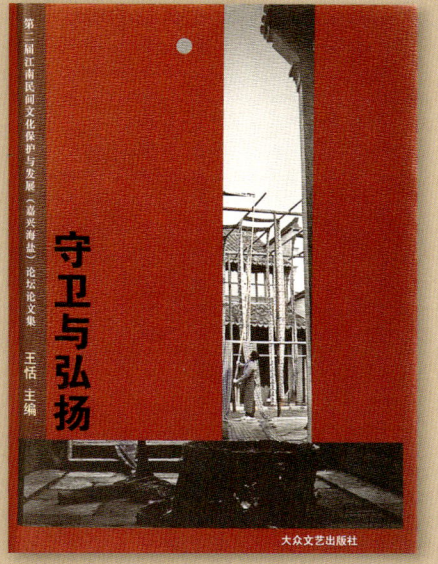
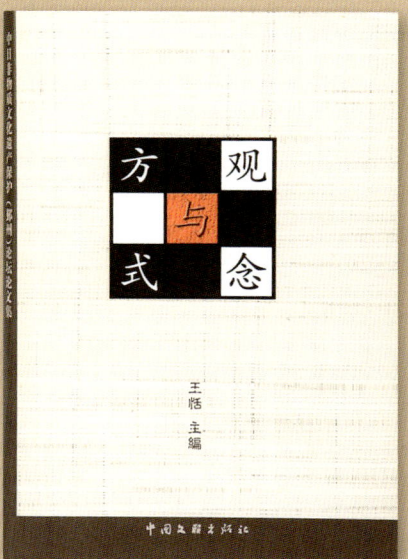

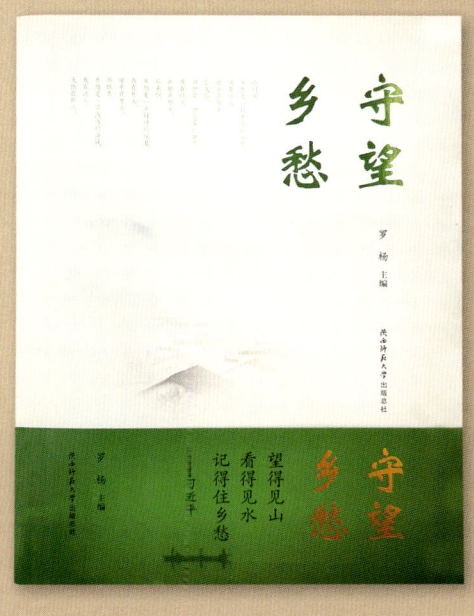

◆ 中国古村落部分出版成果

紧急保护羌族文化遗产

2008年"5·12"特大地震，给人民的生命财产造成了极大的损失。地震发生后，国务院总理温家宝在北川县城废墟上发出抢救文化遗产的号召，引起文艺界的强烈反响。中国民协迅速响应，联合民进中央、中华文化学院等单位于6月1日召开"紧急保护羌族文化遗产座谈会"，发出"紧急保护羌族文化遗产倡议"。2008年6月17日至21日，中国民协主席冯骥才率专家调研组赴地震灾区，实地调研羌族文化遗产受损情况，提出《关于四川汶川地震灾后重建中保护羌族文化遗产的建议书》，得到了国务院抗震救灾总指挥部的高度重视，其中一些重要建议被列入了《国家汶川地震后恢复重建总体规划》。随后，中国民协将"紧急保护羌族文化遗产项目"列入中国民间文化遗产抢救工程的紧急项目和延伸项目，组织专家调研羌族文化遗产灾后受损情况和灾后文化重建工作。陆续出版了《羌去何处——紧急保护羌族文化遗产专家建言录》《羌族文化读本》《羌族口头遗产集成》（四卷）、《濒危羌文化——5.12灾后羌族村落传统文化与传承人生存现状调查研究》等成果，为抢救、保护、研究、弘扬羌族文化遗产，重建精神家园作出重要贡献。

◆ 2008年6月17日至21日,中国民协派出紧急保护羌族文化遗产专家工作组深入四川受灾地区实地调研。

◆ 2008年6月1日,北京,紧急保护羌族文化遗产座谈会。

◆ 2008年6月19日,四川,紧急保护羌族文化遗产四川工作基地成立暨专家调研工作会。

◆ 2008年9月7日，北京，《羌族文化学生读本》首发式暨向四川地震灾区学生捐书仪式。

◆《羌族文化学生读本》，冯骥才、向云驹著，中华书局，2008年。

◆ 2009年5月12日,北京人民大会堂,大爱无疆——"5·12"抗震救灾周年纪念活动保护羌族文化遗产成果发布会。

◆ 2010年5月12日,北京全国政协礼堂,中国民协、四川省委宣传部等举办汶川大地震两周年纪念"感恩与奋进"——大型舞蹈诗《震撼》演出。

▲ 图像志 　　○ 第一部分　　　　　● 第二部分　　　　　○ 第三部分
　　　　　　　　成立和探索 1950—1966　　新时期再出发 1978—2012　　迈上新征程 2012—2020

◆ 羌族文化抢救部分出版成果

◆ 羌族刺绣和挑花作品

▲ 图像志　　○ 第一部分　　● 第二部分　　○ 第三部分
　　　　　　　成立和探索 1950—1966　　新时期再出发 1978—2012　　迈上新征程 2012—2020

◆ 各种头帕样式展示

四川阿坝理县蒲溪羌年祭山

中国口头文学遗产数据库

中国民协自成立以来,高度重视对各民族口头文学遗产的调查、搜集、整理和研究工作,先后组织了近二百万人次在全国2800多个县进行口头文学的普查、搜集、记录工作,获得了数十亿字的民间文学原始资料。这些直接来自田野的资料,大部分为手抄本、油印本、铅印本,都是原始记录,附有讲述人、记录人与记录情况,其本身已具有珍贵的文物价值,其内容符合记录民间文学的国际惯例,具有高度的科学性,加之总量巨大,古今中外绝无仅有。用现代科技手段对中国口头文学遗产进行保护存录,是中国民协责无旁贷的工作。2010年12月30日,中国民协在人民大会堂召开新闻发布会,启动实施"中国口头文学遗产数字化工程",通过建设数据库来为这些文化财富提供更为安全的保存条件。已完成的一期数据库包括神话等共28万7千余篇,歌谣等87万7千余条,总计88700余万字,堪称"数字化的民间文化长城"。2017年,随着中国民间文学大系出版工程的启动实施,原"中国口头文学遗产数据库"更名为"中国民间文学大系出版工程基础资料数据库"。截至2020年底,数据库二期已进入收尾阶段,数据库三期及应用平台建设工作已经启动,合计将形成约40亿字资料存量并逐步向社会开放,这将成为中华民族重大的、珍贵的、永恒的记忆。

| 图像志 | ▲ 第一部分 成立和探索 1950—1966 | ● 第二部分 新时期再出发 1978—2012 | ○ 第三部分 迈上新征程 2012—2020 |

◆ 2010年12月30日，北京，中国口头文学遗产数字化工程启动仪式。

◆ 时任中国文联党组书记、副主席胡振民为数字化工程工作指导委员会名誉顾问周巍峙颁发聘书。

◆ 冯骥才为数字化工程工作指导委员会顾问胡振民颁发聘书。

中国民间文艺家协会 70年

开启口头文学数千年尘封记忆　建设[...]

中国文联、文化部、中国民协在人民大会堂正式启动中[...]

功在当代　利在千秋
——在中国口头文学遗产数字化工程启动仪式上的讲话
● 李牧（中国文联党组副书记、副主席）

留住美丽和辉煌
为非遗保护作贡献
● 罗杨（中国民协分党组书记、驻会副主席）

为非遗保护作贡献
● 马辉（文化部非物质文化遗产司司长）

用数字化实现资源共享
● 刘锡诚（中国文联研究员）

周巍峙　胡振民　李牧　冯骥才　杨承志

罗杨　刘锡诚　刘魁立　保铮　刘铁梁

中国口头文学遗产数字化工[...]

办会启动的中国口头文学遗产数字化工程学术委员会[...]

本版图文由中国民协提供
本版摄影　白旭旻　张志勇

文艺数字化"四库全书"

产数字化工程

本报讯 调动200万人次的田野采风，跨越2800个县的普查作业，汇集60年的记录成果，超过8.4亿字的数字工程……2010年12月30日，中国文联、文化部、中国民协在人民大会堂正式启动中国口头文学遗产数字化工程。

中国文联名誉主席周巍峙，中国文联党组书记、副主席胡振民，中国文联组织书记、书记处书记李牧，中国文联副主席、中国民协主席冯骥才，中国佛协驻会副会长、书记处书记杨米志，中宣部文艺局副局长孟祥林，文化部非遗司司长马文辉，中国民协分党组书记、驻会副主席罗杨，中国民协分党组书记、副秘书长向云驹，本报社长兼总编辑李树声，中国民协顾问李国华、马可以及刘铁梁、张锴、刘锡诚、刘魁立、杨亮才、陶立璠、段宝林、李耀宗、刘晔原、张文、万建中、陈连山等专家学者出席启动仪式。启动仪式由罗杨主持。

启动仪式后，胡振民启动中国口头文学遗产数字化工程。冯骥才为中国口头文学遗产数字化工程工作指导委员会名誉顾问周巍峙颁发聘书，李牧、冯骥才、马文辉分别出席。冯骥才为中国口头文学遗产数字化工程工作指导委员会顾问胡振民、名誉主任李牧颁发聘书。刘锡诚代表专家委员会发言。赵铁信宣读中国口头文学遗产数字化工程专家委员会、工作指导委员会名单，并由与会嘉宾颁发专家委员会聘书。

中国口头文学遗产数字化工程计划于2014年7月之前完成，部分少数民族文学资料翻译、民间故事类型理论遴选、纸质图书出版等工作，将等待描述开期延伸完成。(张志勇)

中国口头文学遗产数字化
工程工作指导委员会

名誉顾问：周巍峙
原 顾 问：胡振民
名誉主任：李 牧 王文章
主 任：冯骥才
副 主 任：罗 杨 马文辉
办公室主任：王锦强 刘德伟 朱芹勤
办公室成员：孔宏图 陈胜妍
委 员：(按姓氏笔画排序)
王锦强 韦苏文 白庚胜 冯骥才 吕 军 向云驹 江明惇
刘铁梁 刘魁立 刘德伟 朱芹勤 农冠品 张锴 杨丽丽
余未人 陶思炎 罗 杨 郑一民 林德冠 赵 书 赵铁信
曹保明 夏燕群 常嶺新

中国口头文学遗产数字化
工程专家委员会

名誉主任：贾 芝 冯元蔚
主 任：冯骥才
副 主 任：罗 杨 马文辉
执行副主任：王锦强 李耀宗 陶立璠
委 员：(按姓氏笔画排序)
万建中 门书文 马文辉 王 娟 巴莫曲布嫫
乌丙安 尹虎彬 冯志华 冯骥才 朱 垒 安守华 刘彦君
刘晔原 刘锡聚 刘魁立 祁连休 安德明 关锡华
朱芹勤 向云驹 李耀宗 吕 微 肖 放 陈泳超 陈连山
张 文 李国平 苑 利 祁利慧 罗 杨 金茂年
郎 樱 魏爱东 贺学君 段宝林 姜 尼 贺 嘉 陶立璠
陶 阳 朝戈金

马文辉

吕军

让灿烂的口头文学
永远相传下去

● 冯骥才（中国文联副主席、中国民协主席）

[Article text continues in multiple columns covering the topic of oral literature digitization project, including discussion of the project's scope of 8.4 billion characters, importance of preservation, and the responsibility of cultural workers.]

◆ 2011年1月7日，《中国艺术报》通版报道中国口头文学遗产数字化工程启动盛况。

◆ 2012年9月,口头文学遗产数据库专家李耀宗在书库工作。

◆ 2012年11月,口头文学遗产数据库专家刘锡诚在书库工作。

◆ 2012年11月,口头文学遗产数据库专家郎樱审阅数据库目录。

◆ 2012年11月,河北三河,口头文学遗产数据库验收会议。

◆ 2013年6月29日,专家考察数据库图书。图中人物左起:杨亮才、吕军、金茂年、赵书。

◆ 2013年9月12日,中国文联党组领导赵实、李屹到中国民协资料室视察,冯骥才对口头文学数据库资料库建设提出建议,罗杨介绍了口头文学数据库资料的情况。

◆ 2013年12月2日,北京,中国民协口头文学遗产数据库结项评估会合影。

▲ 图像志　　○ 第一部分　　● 第二部分　　○ 第三部分
　　　　　　　成立和探索 1950—1966　　新时期再出发 1978—2012　　迈上新征程 2012—2020

◆ 2014年2月28日，北京，中国口头文学遗产数字化工程一期成果演示会，会上向数字化工程建设中做出突出贡献的专家学者和工作人员颁发荣誉证书。

◆ 2016年5月23日，《中国口头文学遗产数据库总目·河北卷》（上、下）在北京发布。该书由冯骥才主编、中国民间文艺家协会编，文化艺术出版社出版。

苗族英雄史诗《亚鲁王》

2009年春天,贵州麻山地区苗族群众世世代代传唱的《亚鲁王》进入文化人的视野,改写了苗族没有长篇英雄史诗的历史。史诗生动讲述了西部方言区苗人的由来和迁徙过程中波澜壮阔的场景,是上古时期中华民族曲折融合的见证,同时也填补了两千多年前这段苗族口述历史的空白。史诗详细描述了开天辟地、万物起源、宗教习俗等历史与神话传说,描述了麻山苗族对古代社会的记忆,堪称研究苗族古代社会的"百科全书",无论在历史学、民族学、文化人类学还是文学方面,其价值都是无可估量的。中国民协高度重视《亚鲁王》,把它纳入了中国民间文化遗产抢救工程,组织大量人力、物力进行搜集、整理、翻译、研究,2011年11月,《亚鲁王》(史诗部分和图版部分)由中华书局正式出版。中央领导为《亚鲁王》的成果发布给中国民协发来贺信,对冯骥才、余未人等一批专家学者和民间文艺家为抢救和保护我国民族民间文化遗产所做的大量卓有成效的工作给予了高度肯定。苗族英雄史诗《亚鲁王》作为2012年度重要学术事件之一,凸显出《亚鲁王》在当代的学术价值和社会影响力。

◆ 2012年2月21日，北京，中国英雄史诗的重大发现——苗族英雄史诗《亚鲁王》出版成果发布会。时任中共中央政治局委员、中央书记处书记、中宣部部长刘云山发来贺信。

◆ 2012年2月21日，北京，中国英雄史诗的重大发现——苗族英雄史诗《亚鲁王》出版成果发布会参会代表合影。

◆ 2013年12月,贵州贵阳,苗族史诗《亚鲁王》学术研讨会。

◆ 2013年12月4日,贵州紫云,由东郎代表发起的"亚鲁王祭祀大典,东郎现场唱诵"砍马经"。

| 图像志 | ○ 第一部分
成立和探索 1950—1966 | ● 第二部分
新时期再出发 1978—2012 | ○ 第三部分
迈上新征程 2012—2020 |

◆ 95 岁高龄的麻山亚鲁王老东郎黄老金

◆ 苗族史诗《亚鲁王》出版成果

第三部分

迈上新征程

2012
—
2020

征paten记

第三部分

2012
—
2020

党的十八大以来，中国民协主席团和分党组认真学习贯彻习近平新时代中国特色社会主义思想，致力于推动中华优秀传统文化创造性转化、创新性发展。

2017年1月，中央在《关于实施中华优秀传统文化传承发展工程的意见》中，把中国民间文学大系出版工程纳入重大工程项目。中国民协积极落实《意见》，研究部署中国民间文学大系出版工程与中国民间工艺传承传播工程，以重点工程为抓手，全面推进民间文艺事业繁荣发展。

中国民协着力发挥"山花奖"的激励引领作用，推出优秀作品，繁荣艺术创作；持续深入推进"中国民间文化遗产抢救工程"，完成相关项目编纂工作；继续发挥"我们的节日"品牌优势，助力地方文化建设，形成中国传统节日传承宣传系统；继续坚守学术立会传统，构建中国民间文艺学术高地；忠实履行"团结引导、联络协调、服务管理、自律维权"职能，团结联络海内外中国民间文艺工作者，围绕中心、服务大局，积极承担起"举旗帜、聚民心、育新人、兴文化、展形象"的使命任务；不断加强协会自身建设，强化人才培养、创新工作方式，用互联网思维创造性开展工作，坚持常态化基层调研，深扎基层服务百姓。

奋进新征程，建功新时代。站在新的历史起点，中国民协团结带领全国广大民间文艺工作者，不断攀登民间文艺高峰，为建设社会主义文化强国、实现中华民族伟大复兴的中国梦而不懈奋斗。

中国民协第九次全国代表大会

◆ 2016年6月13日至15日，中国民协第九次全国代表大会在北京召开。

◆ 大会选举产生新一届理事会和主席团。潘鲁生当选主席,万建中、马雄福、王勇超、韦苏文、叶舒宪、乔晓光、刘华、李丽娜、吴元新、邱运华、沙马拉毅、苑利、索南多杰、程建军当选副主席。

潘鲁生

万建中

马雄福

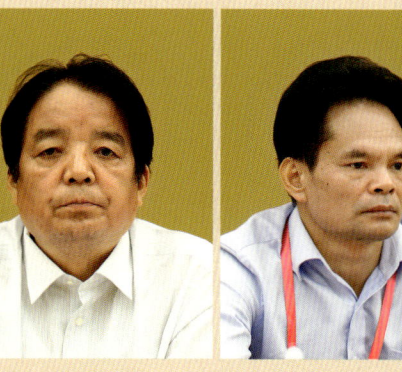
王勇超　　韦苏文

叶舒宪

乔晓光

刘华

李丽娜

吴元新

邱运华

沙马拉毅

苑利

索南多杰

程建军

一

中国唐卡文化档案

在《中国唐卡艺术集成》项目先期探索的基础上，《中国唐卡文化档案》项目作为2013年国家社科基金特别委托项目、中国民间文化遗产抢救工程重点项目之一，由中国民协负责实施，冯骥才任项目首席专家和总负责人。这是历史上第一次大规模跨省区唐卡文化普查，对唐卡的历史传承、传播以及海外收藏的情况进行普查。获得唐卡绘画历史源流、画派脉络、经典遗存、当代传承、绘制工艺的第一手资料，并将普查成果以《中国唐卡文化档案》为名结集出版，进而建立起图文资料数据库档案，实现抢救、保护、传承、研究、弘扬和传播中国唐卡文化的目标。项目启动以来，各卷调查团队的工作得到了各省区党委统战部、宣传部、政协、文联、文旅厅等的大力支持，调查人员本着科学、严谨、翔实的原则，克服高原田野工作的艰苦，取得重要成果。截至2020年底，各卷已全部完成普查任务，《昌都卷》《甘南卷》已正式出版，《藏娘卷》已进入出版流程，《德格卷》《拉萨卷》《觉囊卷》进入审稿流程。《中国唐卡文化档案》的陆续出版和数据库的建立，引起海内外极大关注，对当地文化建设，唐卡艺术的整理、传承和文化产业发展也起到良好的推动作用。

◆ 2013年12月28日，天津，天津大学冯骥才文学艺术研究院，《中国唐卡文化档案》项目论证会合影。

▲ 图像志　　○ 第一部分　　　　　　○ 第二部分　　　　　　● 第三部分
　　　　　　　成立和探索 1950—1966　　新时期再出发 1978—2012　　迈上新征程 2012—2020

◆《中国唐卡文化档案田野普查工作手册》，冯骥才主编，阳光出版社，2013年。

◆ 2013年,《中国唐卡文化档案·昌都卷》项目组向嘎玛嘎智画派著名唐卡画师嘎玛德勒先生做调查。

◆ 2015年3月,《中国唐卡文化档案》项目专家谢继胜、当增扎西、熊文彬、刘冬梅进行图像审读工作。

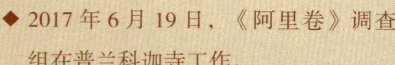

◆ 2017年6月19日,《阿里卷》调查组在普兰科迦寺工作。

▲ 图像志　　○ 第一部分　　　　　　　○ 第二部分　　　　　　　● 第三部分
　　　　　　　　成立和探索 1950—1966　　新时期再出发 1978—2012　　迈上新征程 2012—2020

◆ 2019年,《中国唐卡文化档案·苯教卷》成员范久辉采集唐卡图像。

◆ 2019年,《中国唐卡文化档案·德格卷》调查组采录唐卡画布制作工艺。

303

◆ 2017年，青海玉树，潘鲁生（左图）、邱运华（右图）在《中国唐卡文化档案》工作推进会期间考察。

◆ 2019年7月，四川康定，《中国唐卡文化档案》工作推进会合影。

▲ 图像志　　○ 第一部分　　○ 第二部分　　● 第三部分
　　　　　　　成立和探索 1950—1966　　新时期再出发 1978—2012　　迈上新征程 2012—2020

◆ 2020年8月9日，青海贵德，《中国唐卡文化档案》工作推进会合影。

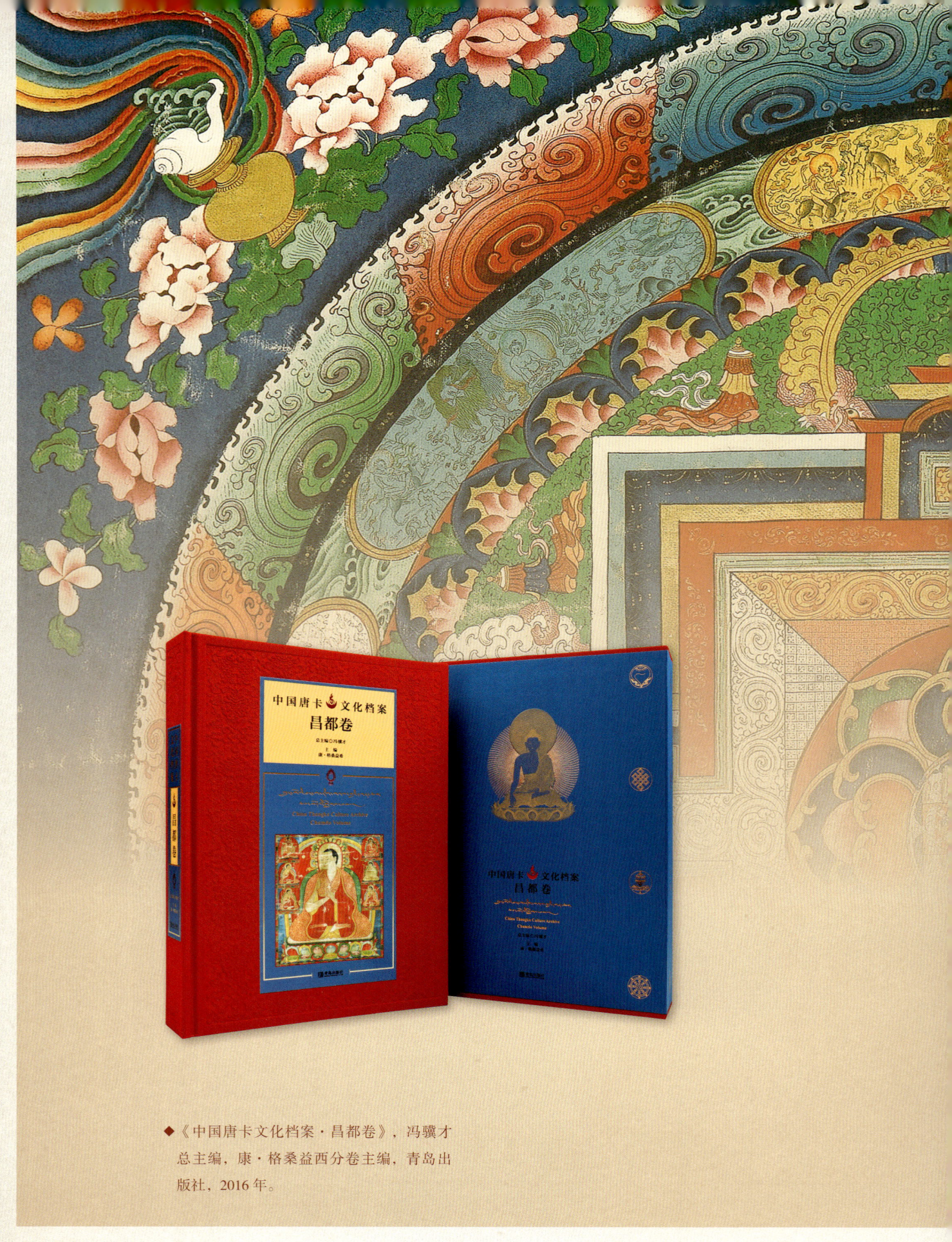

◆《中国唐卡文化档案·昌都卷》,冯骥才总主编,康·格桑益西分卷主编,青岛出版社,2016年。

◆《中国唐卡文化档案·甘南卷》,冯骥才总主编,兰却加、牛乐分卷主编,青岛出版社,2020年。

◆ 贝叶经局部（10世纪）

◆《中国唐卡文化档案·昌都卷》唐卡作品

◆《中国唐卡文化档案·昌都卷》唐卡作品

图像志　　○ 第一部分　　　　　　○ 第二部分　　　　　　● 第三部分
　　　　　　　成立和探索 1950—1966　　新时期再出发 1978—2012　　迈上新征程 2012—2020

《中国唐卡文化档案·甘南卷》唐卡作品

二

中国传统村落立档调查

传统村落不仅是世世代代百姓的居住地，也是中华民族精神家园的基因库。党的十八大以来，以习近平同志为核心的党中央高度重视传统村落保护工作。

2014年，为落实习近平总书记提出的"让居民望得见山、看得见水、记得住乡愁"的指示精神，中国民协启动中国传统村落立档调查项目。该项目立足人类学、民俗学等学术视角，用文字、录音、录像、图片相结合的方式对传统村落进行抢救，盘清家底，旨在把典型村落各方面的原生信息记录下来，为国家这一重大历史文化资源立档，使传统村落的文化基因世代传承，让凝聚人心的乡愁绵延久远。通过多次田野调查与专家论证，先后编辑出版了《中国传统村落立档调查田野手册》《中国传统村落立档调查范本》《20个古村落的家底——中国传统村落档案优选》等。

党的十九大报告提出"实施乡村振兴战略"，为传统村落保护提供了坚强有力的政治保障。以乡村振兴为旨归，中国民协通过实施传统村落立档调查和举办传统村落保护论坛，联合社会各界运用整合、融汇、转化、传播等手段，使古老的村落走出一条人与自然和谐发展的道路。

◆ 2013年6月4日,中国传统村落保护与发展研究中心成立,该中心由中国民间文艺家协会和天津大学共同建立。中国传统村落保护与发展研讨会同期举办。

| ▲ 图像志 | ○ 第一部分 成立和探索 1950–1966 | ○ 第二部分 新时期再出发 1978–2012 | ● 第三部分 迈上新征程 2012–2020 |

◆ 2014年3月，冯骥才在全国两会上就传统村落保护问题接受媒体采访。

◆ 2014年3月25日,广东佛山,全国古村落工作经验交流会暨第四届中国古村落保护与发展研讨会在西樵松塘村举办。

▲ 图像志　　○ 第一部分　　　　　　　○ 第二部分　　　　　　　● 第三部分
　　　　　　　成立和探索 1950—1966　　新时期再出发 1978—2012　　迈上新征程 2012—2020

◆ 2014年6月10日，由中国民协、中国摄协、中国文学艺术基金会共同组织实施的"中国传统村落立档调查"项目在京启动。

◆ 2015年6月1日,河北沙河,全国传统村落立档调查工作现场经验交流会。

◆ 2019年12月4日,福建尤溪,中国古村落文化遗产保护高峰论坛合影。

图像志　　○ 第一部分　成立和探索 1950—1966　　○ 第二部分　新时期再出发 1978—2012　　● 第三部分　迈上新征程 2012—2020

◆《中国传统村落立档调查田野手册》，冯骥才主编，文化艺术出版社，2014年。

◆ 中国传统村落部分出版成果

◆ 江西婺源

▲ 图像志　　○ 第一部分　　　　　　○ 第二部分　　　　　　● 第三部分
　　　　　　　成立和探索 1950—1966　　新时期再出发 1978—2012　　迈上新征程 2012—2020

◆ 江西古街

◆ 北溪古村

丹巴古碉群莫洛藏式民居

三

中国民间文学大系
出版工程

2017年1月24日，中共中央办公厅、国务院办公厅印发《关于实施中华优秀传统文化传承发展工程的意见》，对传承发展优秀传统文化做出全面部署，中国民间文学大系（下文称大系）出版工程列入其中。这是新中国成立以来，中央第一次专题阐述中华优秀传统文化传承发展工作的重要文件，是指导我们传承发展中华优秀传统文化的根本遵循，对提升人民群众文化素养、维护国家文化安全、增强国家文化软实力、推动文化强国建设，具有重大的现实意义和历史意义。大系出版工程由中国文联组织实施，中国民协具体执行，民间文艺界深受鼓舞并很快行动起来。

在中国民协分党组和大系出版工程领导小组的指导下，经反复斟酌研究，并报请中国文联党组批准，大系出版工程学术委员会、编纂出版工作委员会及12个编辑专家组正式成立。中国民协、大系出版工程编纂出版工作委员会协调、组织各编辑专家组，分赴各省区市召开示范卷编纂工作启动会、推动会、座谈会、研讨会，向专家组颁发聘书，与各分卷编委会建立联系并进行业务对接，与承担示范卷编纂任务的省区市民协签订责任书。

2019年12月25日，中国民间文学大系出版工程首批成果发布会在人民大会堂隆重召开，《中国民间文学大系》首批示范卷12个卷本隆重推出，后续卷本按计划进入编辑出版流程。整个工程使得五千年来流传在民间的口头文学得到了系统文字记录，自古以来处在文化底层的民间文学登堂入室，成为民族文化的母体和经典。

启动实施

◆ 2017年2月23日,中国文联、中国民协在北京召开中国文联实施中国民间文学大系出版工程座谈会,就大系出版工程的主要内容、重点任务、组织实施和保障措施等向有关专家征求意见建议,并筹划成立中国民间文学大系领导小组、专家委员会、编纂出版工作委员会和协调办公室。

冯骥才

刘锡诚

潘鲁生

杨亮才

邱运华

调研座谈

◆ 2017年5月24日,潘鲁生、邱运华等一行到江苏常州调研并召开大系出版工程座谈会。

◆ 2017年5月19日,山东济南,大禹神话与口头传说专题山东调研暨《大系》学术体例研讨会。

▲ 图像志　　○ 第一部分　成立和探索 1950—1966　　○ 第二部分　新时期再出发 1978—2012　　● 第三部分　迈上新征程 2012—2020

◆ 2017年6月6日，陈建文、邱运华一行到辽宁沈阳召开《大系》学术体例研讨座谈会。

◆ 2017年6月13日，邱运华、吕军等在广东广州召开《大系》学术体例研讨座谈会。

成立专家组

◆ 2018年4月9日,《大系》"民间长诗"专家组在云南通海成立,这是大系12个门类首个成立的专家组。

◆ 2018年5月26日,《大系》"神话、传说、故事"专家组在上海成立,新时代神话传承与利用调研座谈会同期举办。

▲ 图像志　　○ 第一部分　　　　　　　○ 第二部分　　　　　　　● 第三部分
　　　　　　　成立和探索 1950—1966　　新时期再出发 1978—2012　　迈上新征程 2012—2020

◆ 2018年7月4日，《大系》"谜语、谚语、民间俗语"专家组成立大会在江苏徐州召开。

◆ 2018年7月13日，《大系》"史诗"专家组在北京成立。至此，《大系》12个专家组的组建工作全部完成。

333

成立学术委员会

◆ 2018年7月25日,北京,中国民间文学大系出版工程学术委员会第一次会议。

▲ 图像志　　○ 第一部分　　　　　　○ 第二部分　　　　　　● 第三部分
　　　　　　　成立和探索 1950—1966　　新时期再出发 1978—2012　　迈上新征程 2012—2020

◆ 中国文联党组书记、副主席李屹为大系出版工程学术顾问颁发聘书。

◆ 李屹为大系出版工程学术委员会主任冯骥才颁发聘书。

◆ 2018年7月25日，中国民间文学大系出版工程学术委员会第一次会议合影。

▲ 图像志　　○ 第一部分　成立和探索 1950—1966　　○ 第二部分　新时期再出发 1978—2012　　● 第三部分　迈上新征程 2012—2020

编纂工作

◆ 2018年8月7日,北京,中国文联出版社会议室,大系出版工程编纂出版工作委员会第一次工作会议。

◆ 2018年8月26日,专家组审阅吉林省传说示范卷初稿。

◆ 2018年8月29日,北京,《大系》出版工程业务培训班(第一期)。

◆ 2018年9月10日,潘鲁生、邱运华等出席《大系·说唱·辽宁卷》编纂工作推进会。

◆ 2018年12月14日,北京,大系出版工程整体设计推进会现场。

◆ 2019年,中国文联全委会期间,潘鲁生向文联主席团介绍大系设计方案。

◆ 2019年5月14日，安徽安庆，《中国民间文学大系·说唱·安徽卷》编纂工作推进会。

◆ 2019年7月14日，山东枣庄，《中国民间文学大系·俗语·山东卷》编纂工作启动会。

成果发布

◆ 2019年12月25日,北京,中国民间文学大系出版工程首批成果发布会。

◆ 中国民间文学大系出版工程首批成果发布会合影。

▲ 图像志　　○ 第一部分　　　　　　　○ 第二部分　　　　　　　● 第三部分
　　　　　　　成立和探索 1950—1966　　新时期再出发 1978—2012　　迈上新征程 2012—2020

◆《中国民间文学大系》
　首批出版成果

社会宣传推广

◆ 2018年12月22日至25日,浙江缙云,大系社会推广活动之江南民间小戏交流会。

▲ 图像志　　○ 第一部分　　　　　　　○ 第二部分　　　　　　　● 第三部分
　　　　　　　成立和探索 1950—1966　　新时期再出发 1978—2012　　迈上新征程 2012—2020

◆ 2019年9月22日，湖北十堰，吕家河民歌会现场。
◆ 2020年10月8日，传统"二人台"与民间"二人转"传承与发展交流展演活动在黑龙江富裕县举办。

345

◆ 2020年8月26日至30日，中国北方民歌那达慕在内蒙古陈巴尔虎旗举办。

四
中国民间工艺传承传播工程

"天有时,地有气,材有美,工有巧。"中国民间工艺是一支源远流长的造物文脉,其中汇聚了中华民族的造物智慧,融会贯通了手工技艺以及人文历史、社会生态,也饱含人们对自然、对社会、对生活的理解和追求。在现代化转型过程中,民间工艺遭受冲击,其中虽有生产力更新演进的必然,某种程度上也是对我们民族文化艺术自觉自信的考验。

中国民协紧扣时代脉搏,组织启动"中国民间工艺传承传播工程",重点实施《中国民间工艺集成》编纂出版工作。2017年6月8日,国家社科基金特别委托项目《中国民间工艺集成》编纂工作在北京启动,以省区市为单位,以"集成"形式,客观、科学、系统辑录我国民间工艺历史、文献、知识、思想、文化、技艺、人物等信息,建立我国民族民间工艺学术档案库,保留民间工艺文化基因,为我国优秀传统文化创造性转化与创新性发展、传统工艺振兴发展提供依据和支持,填补全面系统介绍中国民族民间工艺成就志书的空白。

作为国家文化工程,编纂出版《中国民间工艺集成》的目标在于:坚守中华文化立场,为民间工艺集成,为民间艺人立传,为民间文艺铸魂。人们透过民间工艺,不仅看到文化瑰宝,而且认识其在生产生活当中展现的生活价值和艺术价值,进一步激发民间工艺创造活力,并在文化传承、设计创新、乡村振兴等方面发挥积极作用。

◆ 2017年6月8日,《中国民间工艺集成》编纂工作在北京启动。

◆ 2017年11月25日,《中国民间工艺集成》示范卷工作会在北京召开,确定广东、浙江、山东、福建、江苏5个示范卷。

◆ 2019年11月2日,北京,《中国民间工艺集成》示范卷编辑工作推进会。

◆ 2019年1月7日,江苏南京,《中国民间工艺集成》示范卷工作会议。

◆ 潘鲁生考察江西景德镇瓷器作坊

◆ 考察广东潮州民间工艺
◆ 考察安徽青阳农民画传承基地

◆ 考察贵州省龙场镇麻塘寨革家蜡染

▲ 图像志　　○ 第一部分　　　　　　○ 第二部分　　　　　　● 第三部分
　　　　　　　成立和探索 1950—1966　　新时期再出发 1978—2012　　迈上新征程 2012—2020

◆ 河北调研

◆ 调研天津杨柳青年画

355

◆ 威海锯瓷

◆ 青田石雕

◆ "泥人张"彩塑

◆ 枣庄山亭草编

◆ 枣庄洛房泥塑

◆ 马勺脸谱

◆ 寿山石雕

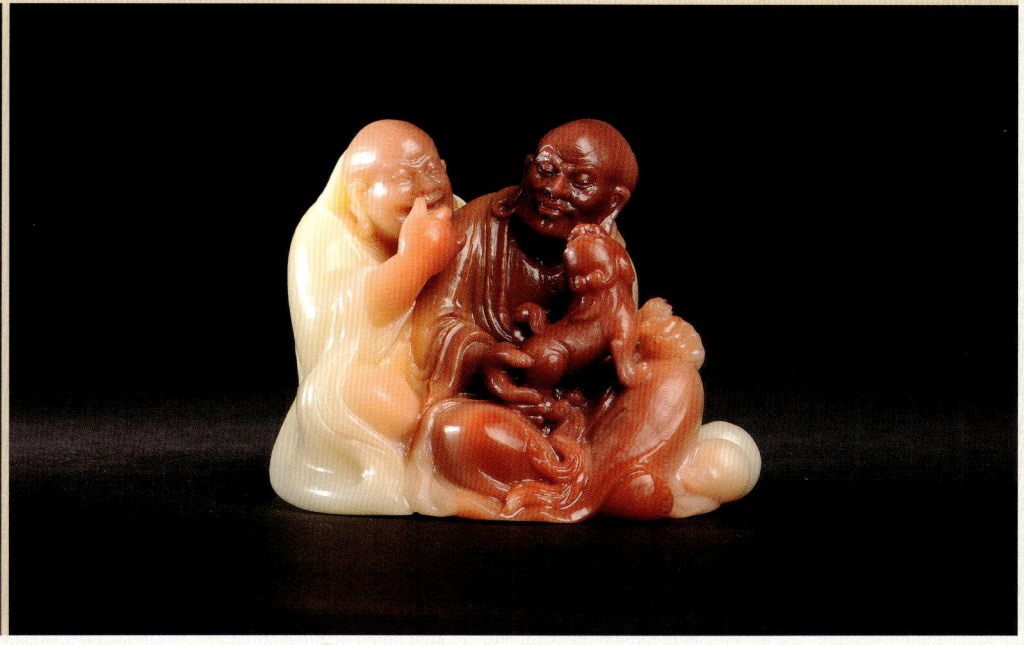

◆ 潍坊风筝

◆ 威海锡镶

◆ 博山琉璃

▲ 图像志　　○ 第一部分　成立和探索 1950—1966　　○ 第二部分　新时期再出发 1978—2012　　● 第三部分　迈上新征程 2012—2020

◆《中国民间工艺集成》样书

359

五 协会常项工作

中国民协紧紧围绕中心、服务大局,大力弘扬学术立会传统,以中国民间文化遗产抢救工程为龙头,带动协会各项工作全面发展。党的十八大以来,中国民协开展的中国民间文学大系出版工程、中国民间工艺传承传播工程等大型学术工程,为中华民族伟大复兴起到了培根铸魂的作用。中国民协发挥工作覆盖面广、有较深群众根基、会员队伍构成多元等优势,积极开展文艺志愿服务、采风调研及"送欢乐下基层"等主题实践活动;不断强化人才意识,开展评奖办节、展览展演,不断推出民间文艺各门类的德艺双馨人才和精品力作,培育出"山花奖""中国民间艺术节""中国民间工艺博览会"等品牌,成为中国民协联系民间文艺家的牢固桥梁和纽带;立足"加强保护、活态传承、凸显特色",探索出通过命名民间文艺之乡,建立保护与传承基地、中心,延伸工作手臂的实践经验,成为传承优秀民间文化的有效途径,在文化扶贫和乡村振兴中释放出巨大的社会能量。在与各国各地区的文化交往中,中国民协发挥民间文艺的优势,为传播中国声音、彰显中国精神、展现中国风采的国家大外交做出了积极贡献。在机关建设上,中国民协一手抓党的基层组织建设,一手抓日常工作规范,不断扩大"不忘初心、牢记使命"教育成果,锻造出一支想干事、能干事、能干成事的干部队伍,以实绩增强了中国民协的凝聚力和号召力,成为全国民间文艺工作者的温馨和谐之家。

山花奖

山花奖是经中宣部批准，中国文联和中国民协联合主办的全国性民间文艺最高奖。山花奖自1999年开始评奖，始终坚持"二为方向"和"双百方针"，坚持创造性转化和创新性发展，立足于表彰精品、鼓励创造，为奖掖推出各类优秀人才和优秀作品、促进民间文艺繁荣发展，为加强民族文化交流、增进民族团结、弘扬中华优秀传统文化发挥了巨大作用。依托中国民间艺术节、中国民间艺人节、中国民间工艺博览会以及民间歌舞展演等，历届参评作品汇聚了全国民间文艺界的精品力作，数以千计的优秀民间文艺作品获得山花奖，为民间文艺的百花园增香添色，无数默默无名的民间文艺工作者与山花奖结缘。为适应民间文艺事业发展需要，山花奖评奖在公平公正公开的原则下几经调整规范，越来越趋于严谨科学。目前，山花奖下设"优秀民间文艺学术著作""优秀民间文学作品""优秀民间艺术表演""优秀民间工艺美术作品"4个子项，共20个奖项，每两年评选一次。山花烂漫，激励着广大民间文艺工作者扎根生活沃土，坚定文化自信，坚守从艺初心，以更饱满的创作热情勇攀文艺高峰。

▲ 图像志　　○ 第一部分　　　　　　○ 第二部分　　　　　　● 第三部分
　　　　　　　成立和探索 1950—1966　　新时期再出发 1978—2012　　迈上新征程 2012—2020

◆ 2000 年 11 月，浙江杭州，山花奖首届全国广场民间歌舞大赛。上图为大赛评委，下图为山花奖颁奖晚会暨西湖博览会闭幕式。

363

◆ 2007年11月，周巍峙、冯骥才等出席第八届中国民间文艺山花奖颁奖活动。

◆ 第八届中国民间文艺山花奖活动开幕式演出。

◆ 2007年11月30日,江苏苏州,第八届中国民间文艺山花奖颁奖典礼。

◆ 2009年10月31日，浙江宁波，中国文联、中国民协、宁波市人民政府主办，第九届中国民间文艺山花奖颁奖典礼。图为李蒙（左四）、胡振民（左五）为获奖民间文艺家颁奖。

◆ 第九届山花奖颁奖典礼上的文艺演出《十里红妆》。

◆ 2012年1月5日，海南海口，第十届中国民间文艺山花奖颁奖盛典。

▲ 图像志　　○ 第一部分　　　　　　　○ 第二部分　　　　　　　● 第三部分
　　　　　　　成立和探索 1950—1966　　新时期再出发 1978—2012　　迈上新征程 2012—2020

◆《鼓动瑶山》，广西贺州，民间艺术表演奖。

◆ 吴元新（右）和吴灵姝的夹缬工艺，江苏南通，民间工艺美术作品奖。

◆ 2013年12月10日,吉林长春,第十一届中国民间文艺山花奖颁奖晚会。

图像志　　○ 第一部分　　　　　　○ 第二部分　　　　　　● 第三部分
　　　　　　成立和探索 1950—1966　　新时期再出发 1978—2012　　迈上新征程 2012—2020

◆ 百叶龙，浙江长兴，
民间艺术表演奖。

◆ 土族一字型轮子秋，
青海互助，民间艺术
表演奖。

◆ 2015年12月2日,浙江海宁,第十二届中国民间文艺山花奖颁奖盛典。

◆ 2014年6月27日,江苏苏州,全国舞龙展演暨第十二届中国民间文艺山花奖·民间艺术表演奖评奖活动。

▲ 图像志　　○ 第一部分　　　　　　　○ 第二部分　　　　　　　● 第三部分
　　　　　　　成立和探索 1950—1966　　新时期再出发 1978—2012　　迈上新征程 2012—2020

◆ 天津皇会文化遗产档案丛书，天津大学冯骥才文学艺术研究院，民间文艺学术著作奖。

◆ 2018年1月13日，广东广州，第十三届中国民间文艺山花奖颁奖盛典。

◆ 铁凝（右）向冯骥才（左）、丙安（中）颁发中国文联终就民间文艺家荣誉证书。

▲ 图像志　　○ 第一部分　　　　　　　○ 第二部分　　　　　　　● 第三部分
　　　　　　　成立和探索 1950—1966　　新时期再出发 1978—2012　　迈上新征程 2012—2020

◆ 禾楼舞，广东郁南，优秀民间艺术表演奖。

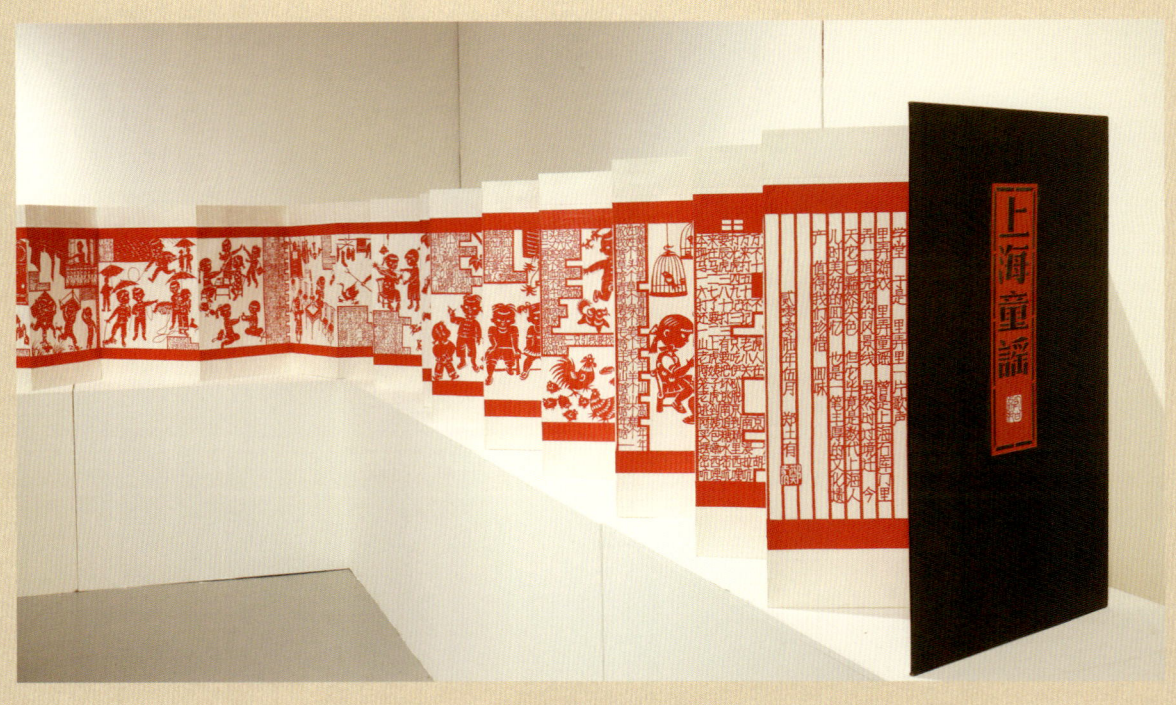

◆ 2019年12月22日，广东深圳，第十四届中国民间文艺山花奖颁奖盛典。

◆《上海童谣》（剪纸），李守白，民间工艺美术作品奖。

◆ 李屹（左1）为刘锡诚（中）、刘魁立（曹保明代领）颁发"中国文联终身成就民间文艺家"荣誉证书。

◆ 第十五届山花奖工艺美术作品初评活动

◆ 2020年9月29日,江苏徐州,评委对参评第十五届山花奖的民间工艺美术作品进行初评。

▲ 图像志　　○ 第一部分　　　　　　　○ 第二部分　　　　　　　● 第三部分
　　　　　　　　成立和探索 1950—1966　　新时期再出发 1978—2012　　迈上新征程 2012—2020

◆ 2020年10月28日，陕西西安，最美小康路——中国西部民间工艺主题创作展系列活动，第十五届山花奖初评同期进行。

终身成就民间文艺家

钟敬文（1903—2002），广东海丰人。著名民俗学家、民间文学大师、散文家、诗人。北京师范大学教授。曾任中国文联荣誉委员，中国民协副理事长、副主席、主席，中国民俗学会理事长、中华诗词学会副会长。曾担任中国民间文学三套集成总编委会副主任兼《中国民间故事集成》主编。学术代表作《民间文艺新论集》《钟敬文民间文学论集》《新的驿站》《话说民间文化》《钟敬文学术论著自选集》《钟敬文民俗学论集》《民俗文化学：梗概与兴起》《芸香楼文艺论集》等；散文集《荔枝小品》《西湖漫拾》《湖山散记》，新诗集《滨海的二月》，文艺短篇集《柳花集》等。2000年获中国民间文艺山花奖终身成就奖。

贾芝（1913—2016），山西襄汾人。民间文学活动家、研究家。中国社科院荣誉学部委员、中国文联第八届荣誉委员、中国民协名誉主席。1949年，他参加了第一届文学艺术工作者代表大会。从1950年3月中国民研会创立时开始，他一直致力于民间文艺工作，领导民间文艺工作长达半个世纪。他编写了《中国少数民族文学史和文学概况丛书》，参与组织了《格萨尔》、《玛纳斯》和《江格尔》的抢救工作，发起编纂《中国民间文学三套集成》。著有：《贾芝集》《水磨集》《民间文学论集》《新园集》《播谷集》《贾芝诗选》等。2007年获中国民间文艺山花奖终身成就奖。

居素普·玛玛依（1918—2014），柯尔克孜族，新疆阿合奇人。民间歌手。柯尔克孜族杰出的"玛纳斯奇"（即演唱《玛纳斯》的民间艺人）之一，能演唱全套《玛纳斯》，会唱《库尔曼别克》《艾尔托西吐克》《库尔木尔扎》等多部柯尔克孜族民间叙事诗。1947年后任牧区小学教员。1961年参加新疆维吾尔自治区文联《玛纳斯》工作组，为《玛纳斯》的记录而演唱，抢救、整理《玛纳斯》做出了很大贡献。1980年后任新疆维吾尔自治区文联副主席、中国文联第四届委员、中国民研会第三届理事。2007年获中国民间文艺山花奖终身成就奖。

冯元蔚（1930—2019），彝族，四川凉山人。民间文艺学家。历任西南民族学院（今西南民族大学）副院长、四川省民族工作委员会书记、四川省委副书记、四川省政协主席、中国民间文艺家协会主席、中国文联副主席。主要作品有翻译彝族传统史诗《勒俄特依》、教育经典《玛木特依》、谚语格言《尔比尔吉》、抒情叙事长诗《妈妈的女儿》等。2007年获中国民间文艺山花奖终身成就奖。

张振犁（1924—2020），河南密县人。民间文艺学家、神话学家。河南大学文学院教授、河南民协名誉主席。历任中国民俗学会副理事长、中国民研会理事等。著有：《从莺子赋看民间文艺》《晚清时期顽固派的民间文学观》《夸父神话探源》《中原古典神话流变论考》《东方文明的曙光》《中原神话》等。主编有《中原文化大典·民俗典》等。一直从事中原神话的深入发掘和研究，在中原神话学派的形成和确立、神话学研究方法的创新等方面起到了学术引领作用。2007年获中国民间文艺山花奖终身成就奖。

乌丙安（1929—2018），蒙古族，内蒙古呼和浩特人。民俗学家、民间文艺学家。辽宁大学中文系教授。曾任中国民协理事、辽宁省民协主席，中国民俗学会名誉理事长，《中国民间文学三套集成·辽宁省卷》主编，中国民间文化遗产抢救工程专家委员会副主任，国家非物质文化遗产保护工作专家委员会副主任、国家传统村落保护与发展专家委员会委员等职。著有：《民间文学概论》《民俗学丛话》《中国民俗学》《神秘的萨满世界》《中国民间信仰》《民俗学原理》《民俗文化新论》等。2018年获中国文联终身成就民间文艺家荣誉称号。

冯骥才（1942—），祖籍浙江宁波，生于天津。中国当代作家、画家和文化学者。现任中国文联荣誉委员、中国民协名誉主席、天津大学冯骥才文学艺术研究院院长、国家非物质文化遗产名录专家委员会主任、中国传统村落保护专家委员会主任等职。他的作品题材广泛，形式多样，已出版各种作品集200余种。代表作《啊！》《雕花烟斗》《高女人和她的矮丈夫》《神鞭》《三寸金莲》《珍珠鸟》《一百个人的十年》《俗世奇人》《单筒望远镜》《艺术家们》等，多次在国内外获奖。他倡导与主持的中国民间文化遗产抢救工程、传统村落保护等文化行为对当代人文中国产生巨大影响。2018年获中国文联终身成就民间文艺家荣誉称号。

刘锡诚（1935—），山东昌乐人。民间文艺学家、非遗理论家、文学评论家、文化学者。1957年毕业于北京大学。历任《民间文学》《民间文学论坛》主编，中国民协驻会副主席兼分党组书记，中国文联研究员，中国民协顾问、文化部国家非物质文化遗产保护工作专家委员会委员等。著作：《民间文学：理论与方法》《二十世纪中国民间文学学术史》《非物质文化遗产保护的中国道路》等。2019年获中国文联终身成就民间文艺家荣誉称号。

刘魁立（1934—），河北静海（今天津静海）人。民间文艺理论家。1961年毕业于莫斯科大学俄罗斯语言文学系研究生院，获语文学副博士学位。曾任中国社会科学院文学研究所民间文学研究室主任、研究员；民族文学研究所所长、学术委员会主任、《民族文学研究》主编；中国民协副主席；中国民俗学会首任秘书长、副会长、会长等职。现任中国社会科学院荣誉学部委员、文化部非物质文化遗产保护专家委员会副主任、中国民俗学会荣誉会长。著有：《刘魁立民俗学论集》《中国节典——四大传统节日》等。2019年获中国文联终身成就民间文艺家荣誉称号。

中国民间艺术节

中国民间艺术节是经中宣部批准，由中国文联和中国民协共同主办的国内唯一国家级民间艺术节，是我国民间文艺界规模最大、规格最高的文化盛事。自1989年创办以来，在中宣部、中国文联的高度重视下，在各级地方党委、政府的大力支持下，先后在辽宁、北京、山西、江苏、湖北、广东、甘肃、江西等地成功举办了12届。中国民协承担着"举旗帜、聚民心、育新人、兴文化、展形象"的使命任务，中国民间艺术节的举办，旨在展现我国民间文化的博大精深与绚丽多彩，把全国各民族各区域的优秀民间文艺展示给人民大众；发掘、保护和传承民间艺术精华，推出新人新作，繁荣艺术创作；集中展示了全国民间文艺的喜人成果，弘扬中华民族优秀传统文化。在不同地域举办的艺术节，以其丰富多彩的民间歌舞表演、少数民族歌舞表演、民间工艺品展示、民间绝活表演、游览观光等，不仅是对全国民间文艺新成果的集中展示推广和弘扬，对于弘扬举办地的文化特色，提升文化品位，扩大社会影响，丰富群众文化生活，推动区域经济及旅游业的发展也发挥了重要作用。

图像志　　○ 第一部分　　　　　　○ 第二部分　　　　　　● 第三部分
　　　　　　成立和探索 1950—1966　　新时期再出发 1978—2012　　迈上新征程 2012—2020

◆ 1989年9月，辽宁大连，首届中国民间艺术节。图为艺术节开幕式。

◆ 1989年9月，在首届中国民间艺术节展演的安徽凤阳县花鼓剧团。

◆ 1989年9月，在首届中国民间艺术节展演的山西威风锣鼓。

◆ 1991年9月21日至26日，山西太原，第二届中国民间艺术节。

◆ 1994年8月18日至28日，甘肃兰州，第四届中国民间艺术节。

▲ 图像志　　○ 第一部分　　○ 第二部分　　● 第三部分
　　　　　　　成立和探索 1950—1966　　新时期再出发 1978—2012　　迈上新征程 2012—2020

◆ 2001年10月，湖北荆门，第五届中国民间艺术节。

◆ 2001年10月，第五届中国民间艺术节上的民间艺术表演。

◆ 2004年9月,山西榆次,第六届中国民间艺术节。图为民间艺术展演。

| 图像志 | ○ 第一部分 成立和探索 1950—1966 | ○ 第二部分 新时期再出发 1978—2012 | ● 第三部分 迈上新征程 2012—2020 |

◆ 2008年10月11日至12日，广东番禺，第七届中国民间艺术节暨"山花奖"中国民间飘色（抬阁）艺术展演与评奖活动。

389

◆ 2010年9月19日,山西大同,第八届中国民间艺术节开幕。

◆ 2012年9月12日至15日,甘肃平凉,第九届中国民间艺术节。

◆ 2016年12月16日至18日,广东清远,
第十届中国民间艺术节。

◆ 2018年10月10日至13日,江西兴国,第十一届中国民间艺术节。

◆ 2018年10月,第十一届中国民间艺术节,民间艺术表演。

▲ 图像志　　○ 第一部分　　　　　　○ 第二部分　　　　　　● 第三部分
　　　　　　成立和探索 1950—1966　　新时期再出发 1978—2012　　迈上新征程 2012—2020

◆ 2020年11月23日至25日，广东中山，第十二届中国民间艺术节。

◆ 2020年11月23日至25日，广东中山，第十二届中国民间艺术节。

我们的节日

在中宣部和中央文明办的倡导下，自2008年起，中国民协开始承办"我们的节日"系列主题活动。"我们的节日"活动以春节、元宵节、清明节、端午节、七夕节、中秋节、重阳节七大传统节日为轴心，拓展至二十四节气和少数民族节日，通过向广大人民群众普及传统节日习俗、不断丰富节日文化内涵，让群众在充分享受节日愉悦的同时传承弘扬节日文化。2017年中办、国办《关于实施中华优秀传统文化传承发展工程的意见》（2017年5号）和中央文明办《关于2017年广泛开展"我们的节日"主题活动的通知》（2017年1号），对传承弘扬各民族传统节俗文化给予了充分肯定和鼓励。在"我们的节日"系列主题活动策划过程中，中国民协坚持正确政治导向，深入节日传说起源地流传地、具有特色节日习俗的乡村地区，通过调研、研讨、展览展演等方式，举办多姿多彩的节日活动，致力于挖掘、保护和传承节日习俗风俗，注重突出活动的思想性、群众性、文化性，倡导文明、健康、和谐的节日理念，培育特色鲜明、气氛浓郁的节日文化，活动有声有色，群众喜闻乐见，影响日益深远。

春节

◆ 2014年2月11日至15日,河南鹤壁,第六届中国鹤壁民俗文化节。图为大型民间社火巡游表演。

◆ 2019年2月,陕西榆林,过大年。

元宵

◆ 2019年2月18日至21日，在河北涉县考察元宵民俗。图为张家庄花灯巡游。

◆ 2013年2月23日至26日，在江西考察元宵习俗。图为添丁炮习俗。

◆ 2008年4月2日,首届中国清明(寒食)文化节在山西介休拉开帷幕。冯骥才等民俗专家围绕"我们的节日应该怎么过""中国四大传统节日并为国家法定假日的意义"等话题展开交流。

◆ 2017年4月1日,中国(开封)清明文化节开幕式现场。

端午

◆ 2010年6月23日，第二届中国（东莞·中堂）龙舟文化节。

◆ 2013年6月8日，湖北秭归，端午节系列活动。图为端午诗会现场。

七夕

◆ 2016年8月3日，甘肃西和，第八届陇南乞巧女儿节。

◆ 2012年8月23日，在陕西西安举办中国七夕文化研讨会，并考察长安区斗门石婆庙七夕庙会。图为庙会即景。

丰收节

◆ 2018年8月,江西婺源,篁岭晒秋文化节。经党中央批准、国务院批复,自2018年起,将每年秋分日设立为"中国农民丰收节"。

◆ 2018年9月16日,中国(宁波象山)开渔节——中国农民丰收节系列活动祭海仪式。

中秋

◆ 2011年9月12日，浙江杭州，首届中华中秋文化节开幕式暨"天涯共此时"杭州中秋雅集活动。

重阳

◆ 2020年10月25日至26日,"我们的节日"中国·平利重阳民俗文化艺术节在陕西平利举办。

少数民族节日

◆ 2014年3月1日，云南文山，西畴上果村，中国西畴女子太阳节。

◆ 2012年11月14日，四川绵阳，羌历年的民俗活动。

◆ 2017年11月13日至20日，贵州贵阳，芦笙节。

◆ 2020年8月10日至12日，青海贵德，六月会民俗活动。

◆ 2020年8月11日，青海贵德，"我们的节日·贵德六月会"专家研讨会。

出版成果

◆ "我们的节日"部分出版成果

文艺志愿服务

多年来，中国民协牢固树立以人民为中心的创作导向，深入生活、扎根人民。把最好的精神食粮奉献给群众，满足广大人民群众日益增长的精神文化需求。2013年，中国民协专门成立了志愿服务处，积极配合中国文联的文艺志愿服务工作，充分发挥民间文艺工作者的优良传统，在"送欢乐下基层"、文化进万家、学雷锋文艺志愿服务、民间文化进校园等活动中，哪里的人民有需要，志愿服务的队伍就会出现在哪里，用群众喜闻乐见的方式，把党的温暖和关怀送到千家万户、万水千山。中国民协始终坚持以服务人民作为根本宗旨，深入生活，扎根人民，走进革命老区、民族地区、生产一线，发挥志愿服务"以天为幕，以地为台"的优势，把鲜活的文艺作品奉献给基层群众，把优质的文化服务送到田间地头和老百姓的心头。2015年启动的"民间文化进校园"作为志愿服务的特色项目，致力于优秀民间文化的教育传承，通过民间艺术表演、展览展示、主题讲座、互动教学、捐赠图书等形式，为全国各地中小学生送去民间文艺精神食粮，鼓励、引导孩子们自觉主动地学习传承本地优秀的民间文化。

▼ 图像志　　○ 第一部分　　　　　　　　○ 第二部分　　　　　　　　● 第三部分
　　　　　　　成立和探索 1950—1966　　新时期再出发 1978—2012　　迈上新征程 2012—2020

◆ 2011年12月4日，上海，嘉定马陆镇，"送欢乐下基层"演出，慰问外来务工人员。

◆ 2011年1月26日，四川绵竹，"送欢乐下基层"慰问演出，2011中国年画节暨第十届绵竹年画节同时开幕。

◆ 2012年2月5日，在福建厦门举办"送欢乐下基层"慰问演出。

◆ 2013年3月3日，中国民协志愿者服务团"送欢乐下基层"活动在广东清远举办，图为广东清远市石马万兴彩庆堂民间艺术貔貅狮表演。

◆ 2014年1月27日,把文艺志愿服务送到山东烟台SOS国际儿童村。

◆ 2014年12月30日,"我们的中国梦"——文艺志愿服务团"送欢乐下基层"慰问演出在广东汕头凤岗村举行。

▲ 图像志　　○ 第一部分　　　　　○ 第二部分　　　　　　● 第三部分
　　　　　　　成立和探索 1950—1966　　新时期再出发 1978—2012　　迈上新征程 2012—2020

◆ 2016年1月27日，中国民协"送欢乐下基层"文艺志愿服务团来到甘肃兰州兰石集团车间慰问产业工人。

◆ 2016年11月8日至11日，中国民协民间文化进校园志愿服务小分队来到新疆和田市皮山县乔达乡的三所中小学，开展"民间文化进校园"活动。

◆ 2019年11月28日至29日，全国民间文化进校园工作经验交流会在广东汕头举行。

◆ 2020年12月13日，中国民协组织"送欢乐下基层"志愿服务队来到内蒙古巴彦淖尔乌拉特中旗进行慰问演出。

中国民间文艺之乡

作为推动中国民间文化遗产抢救工程，促进地方特色文化建设的一项重要举措，中国民协的民间文艺之乡考察命名工作从2002年开始实施。18年来，在有关专家和地方政府、文化主管部门的支持下，在命名地基层组织的配合下，民间文艺之乡工作健康有序开展，为培育地方民间文化种子，塑造地域文化品牌，服务经济社会发展，丰富群众精神文化生活，营建和谐人际关系等方面做出了突出贡献。目前，中国民间文艺之乡已如绚烂山花，盛开在祖国大地。中国民间文艺之乡总量规模庞大，分布比较均匀，31个省区市和新疆生产建设兵团都各有千秋，形成了一个分布广泛、特色突出、活态传承的民间文艺工作阵地与活动网络。

截至2020年6月，全国民间文艺之乡总数为433个，与文艺之乡配套的民间文艺研究与传承基地207个，内容涉及民间文学、民间艺术、民间手工制作技艺、民俗文化等领域，为各地深入开展民间节庆活动、民间艺术创作、人才培养与民间文艺学术研究都起到了重要的推动作用。

▲ 图像志　　○ 第一部分　　　　　○ 第二部分　　　　　● 第三部分
　　　　　　　成立和探索 1950—1966　新时期再出发 1978—2012　迈上新征程 2012—2020

◆ 2010年9月3日至5日，民间文艺之乡建设交流现场会在内蒙古鄂尔多斯乌审旗举行，中国马头琴文化研究中心、中国马头琴文化传承保护基地、中国马头琴博物馆同期揭牌。

◆ 2016年9月27日,全国民间文艺之乡经验交流会在江苏南京中国民间文化传承示范基地召开。

▲ 图像志　　○ 第一部分　　　　　　○ 第二部分　　　　　　● 第三部分
　　　　　　　成立和探索 1950—1966　 新时期再出发 1978—2012　 迈上新征程 2012—2020

◆ 潘鲁生（右）为中国民间文化传承示
　 范基地揭牌。

◆ 邱运华（左）考察浙江乐清"中
　 国木雕艺术之乡"。

◆ 2019年5月23日,陕西榆林横山区被授予"中国陕北民歌之乡"。

▲ 图像志　　　○ 第一部分　　　　　　○ 第二部分　　　　　　● 第三部分
　　　　　　　　成立和探索 1950—1966　　新时期再出发 1978—2012　　迈上新征程 2012—2020

◆ 中国民间文艺之乡系列出版成果

国际交流合作

文化作为民族凝聚力和创造力的重要源泉，越来越成为综合国力竞争的重要因素。中国民协积极贯彻落实中央大外宣、大外交的方针，"请进来、走出去"，结合自身特点，开展了一系列内容丰富、形式多样的对外文化交流活动。强化外宣意识，以优秀民间文化为亮点，通过开展形式多样的国际民间文化交流，向世界阐释中华民族禀赋、中华民族特点、中华民族精神。党的十八大以来，世界外交格局发生了巨大变化，中国在国际事务中承担的责任越来越重要，大国崛起的地位越来越凸显。在机遇和挑战面前，中国民协围绕中国文联外事工作全局，在与各国、各地区的文化交往中充分发挥民间文艺的优势，紧密团结和依靠优秀民间文艺家。积极整合各方资源，通过与中国文联、各地方政府、协会专业委员会以及民间艺术家的合作，对接驻外使领馆和外国文化机构的资源，打造了一批有影响、效果好的国际交流品牌项目。协会国际交流活动范围也拓展至了美洲、澳洲、欧洲和非洲，民间外交的触角越伸越远，民间文艺在传播中国声音、彰显中国精神、展现中国风采上的优势得到充分发挥。

◆ 2003年,希腊雅典,风筝文化展。

◆ 2006年,日本,傩文化展。

◆ 2008年7月27日到8月27日，第29届奥林匹克运动会组织委员会、中国文联、中国民协、北京市文联在奥运村内举办中国民族民间手工艺制作与展示活动。

◆ 外宾参观北京奥运会中国民间艺术展，右三张为"泥人张"体育题材作品。

| ▲ 图像志 | ○ 第一部分
成立和探索 1950—1966 | ○ 第二部分
新时期再出发 1978—2012 | ● 第三部分
迈上新征程 2012—2020 |

◆ 活动期间，中国民协从全国精选了年画、剪纸、风筝、刺绣、布艺、泥彩塑、面塑、脸谱、草编、葫芦雕刻、皮影、民间玩具等民间艺术项目，进行现场演示，并和来宾互动。

◆ 2010年，韩国南怡岛，中国木雕艺术家在为外国游客雕刻头像作品。

◆ 2013年，美国达拉斯，风筝艺术家哈亦琦（右二）为小朋友讲解风筝制作技艺。

◆ 图像志　○ 第一部分 成立和探索 1950—1966　○ 第二部分 新时期再出发 1978—2012　● 第三部分 迈上新征程 2012—2020

◆ 2015年4月，美国东部，中国"非物质文化遗产保护项目"巡展活动。

◆ 2017年10月18日，西班牙瓦伦西亚，中国木版年画展开幕。图为中国民协代表团与参加开幕式的瓦伦西亚嘉宾合影。

◆ 2018年4月23日，北京，《民间文化论坛》负责人与俄罗斯专家讨论会后合影。

◆ 2019年7月4日，北京，中国民协与日本广岛大学访问团座谈并签订学术交流协议。

▲ 图像志　　○ 第一部分　　⊃ 第二部分　　● 第三部分
　　　　　　　成立和探索 1950—1966　　新时期再出发 1978—2012　　迈上新征程 2012—2020

◆ 2019 年，耶路撒冷，国际艺术和手工艺博览会。

"一带一路"民间文化探源

"一带一路"民间文化探源工程是国家财政扶持重点项目——文化艺术发展一级项目,由中国民协配合"一带一路"倡议策划实施。该工程自2016年1月启动实施,涉及民间文艺学、民俗学、历史学、考古学、社会学、民族学等诸多学科领域,是一项综合性的文化工程。"一带一路"沿线的人民创造了灿烂的文化,有很多尚未开掘的富藏,有着无限宽广的研究空间,沿着"一带一路"的脉络探源,实施民间文化探源工程,有助于不断开拓当代中国民间文化学术研究的新境界,为未来社会文化发展锚准方向。项目启动以来,调研组赴陕西、河南、广西、湖南、广东、贵州、山东、辽宁、吉林、黑龙江、河北、内蒙古、江苏、浙江、福建、宁夏、新疆、上海等地,开展了一系列形式多样、内容丰富的考察调研活动,搜集了大量的民间文化资料。该工程通过开展跨区域、跨省际的考察调研活动,将点、线、面连结起来,推动各地民间文化的流动、融合、传播和输出,对地域文化的形成、民族性格的铸造、文化形态的影响进行了全面梳理和重新认识,在"一带一路"倡议的视野下,在新的文化理念、民生理念、人文空间中,不断开阔视野,在世界文化格局中认识自己,树立文化自信,筑牢精神的高地和文化的"海塘"。

▲ 图像志　　○ 第一部分　　○ 第二部分　　● 第三部分
　　　　　　　成立和探索 1950—1966　　新时期再出发 1978—2012　　迈上新征程 2012—2020

◆ 2016 年 11 月，陕西丝路文化起点考察与民间文化生态保护行动。

◆ 2018 年 5 月，浙江海丝文化调研考察。

◆ 2019年5月，闯关东文化溯源与民间文化生态考察调研。

◆ 2019年7月23日，草原丝绸之路考察调研。

▲ 图像志　　○ 第一部分　成立和探索 1950—1966　　○ 第二部分　新时期再出发 1978—2012　　● 第三部分　迈上新征程 2012—2020

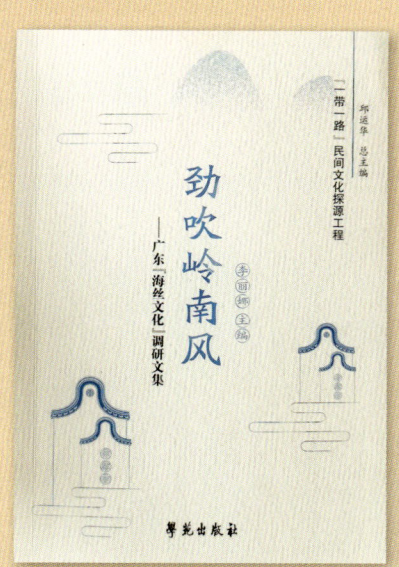
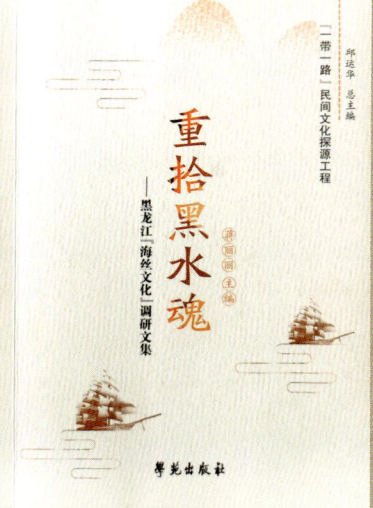

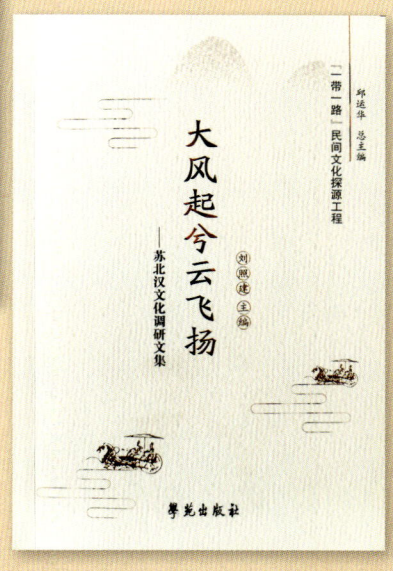
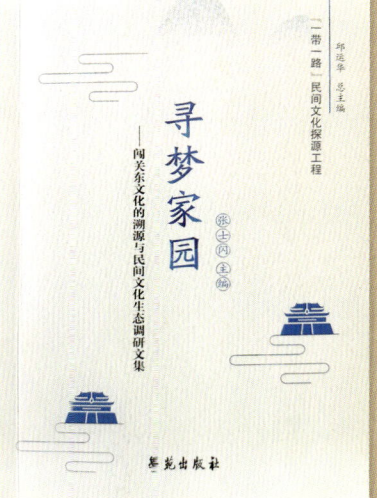

◆ "一带一路"民间文化探源工程部分调研文集

教育培训

面对新时代新使命，中国民协扎实推进思想政治培训及文艺人才培训工作，为全国民间文艺家、新文艺群体、各级民协会员提供交流互通、团结联络、进修学习的平台。其中，思想政治培训主要面向新入会会员、各专委会负责人，以及地县民协负责人；文艺人才培训面向民间艺术各领域的从业者、传承人、中青年人才、骨干人才、新文艺群体。教育培训项目由中国民协统筹管理，各专业委员会、学术研究机构与地方民协联合执行，共同推进教育培训质量的提升，积极探索民间文艺发展和民间文艺人才成长的规律。在教学安排上，中国民协设计了政治学习、理论教学、现场教学、交流展览、作品点评等多个模块，针对每次培训主题和受众的特殊性灵活搭配；在管理工作上，中国民协致力于推进教育培训的规范化、制度化；在教学实效上力求学术与实践性相结合，组织学员深入基层，在各民间艺术的重要产区或传承基地开展现场调研与学习；在师资力量配备上，邀请来自全国各大高校及研究机构的专家学者，以及在相关民间工艺实践领域德艺双馨的工艺大师为学员带来兼具理论知识和创作经验的课程，受到广大学员的欢迎和好评。

◆ 2016年8月27日，中国民协在黑龙江举办中国民协深入学习贯彻习近平总书记文艺工作座谈会重要讲话精神专题研讨班。

◆ 2017年7月27日至29日，山东青州，中国民协第十七期深入学习贯彻习近平总书记文艺工作座谈会重要讲话精神专题研讨班。

◆ 2019年7月22日,甘肃临夏,中国砖雕艺术中青年人才高级研修班开班。

◆ 2019年8月16日,浙江海宁,中国灯彩艺术中青年人才高级研修班合影。

▲ 图像志　　○ 第一部分　　　　　　　○ 第二部分　　　　　　　● 第三部分
　　　　　　　成立和探索 1958—1966　　新时期再出发 1978—2012　　迈上新征程 2012—2020

◆ 2019年10月19日至25日，福建福州，中国漆艺中青年人才高级研修班。

◆ 2019年11月10日至16日，山西长治，中国彩塑艺术中青年人才高级研修班。

439

◆ 2019年8月22日，辽宁大连，该年度第一期会员培训合影。

▲ 图像志　　○ 第一部分　　　　　　　　○ 第二部分　　　　　　　　● 第三部分
　　　　　　　成立和探索 1956—1966　　新时期再出发 1978—2012　　迈上新征程 2012—2020

◆ 2019年9月17日，湖南株洲，该年度第二期会员培训合影。

◆ 2019年12月10日,海南昌江,中国民协专业委员会培训暨2019年工作会议。

▲ 图像志　　○ 第一部分　　　　　　○ 第二部分　　　　　　● 第三部分
　　　　　　　成立和探索 1950—1966　　新时期再出发 1978—2012　　迈上新征程 2012—2020

◆ 2020年8月4日，北京，首届中国民协会客厅暨2020年新入会会员培训班网络直播教学班活动。

◆ 2020年10月26日，黑龙江哈尔滨，中国民协会员日系列活动，以网上"会客厅"、直播授课等方式传播当地民间文艺，服务广大会员。

期刊阵地

中国民协现有《民间文学》《民间文化论坛》《民艺》三本杂志，建立起民间文学、民间文化、民间工艺三驾马车并驾齐驱的期刊阵地。

《民间文学》杂志创刊于1955年，连续出版民间文学作品（包括神话、传说、史诗、歌谣、谚语、民间故事、新故事等）、民间文学理论作品66年。近年来，《民间文学》杂志社、中国民协故事委员会通过举办中国故事节，创建中国故事基地、中国故事村、故事书屋、故事人家，积极参与"山花奖·民间文学作品奖"评奖的组织工作，推动了我国故事文化的形成和发展。

《民间文化论坛》创刊于1982年（原名《民间文学论坛》），致力于推进民间文学与民间文化的综合研究、非遗保护的理论与实践研究，以及民俗学、神话学、民族学等学科前沿问题探索。2014年，该刊被国家新闻出版广电总局列入"第一批认定的学术期刊名单（社科类）"。2018年，进入"2018年度中国人文社会科学期刊AMI综合评价"A刊核心扩展期刊。

2018年1月，专注于中国民间美术、民间手工艺领域的学术期刊《民艺》正式创刊。《民艺》杂志的宗旨是，反映民艺理论研究的最新成果，及时发布民艺保护动态与发展经验，介绍中国民协及各省区市民协工作成果，推动建立中国民艺学术体系，推动新时代的民艺传承与传播。《民艺》的前身《缤纷》杂志，创刊于2000年，最早可追溯到1988年创刊的《民俗》杂志。

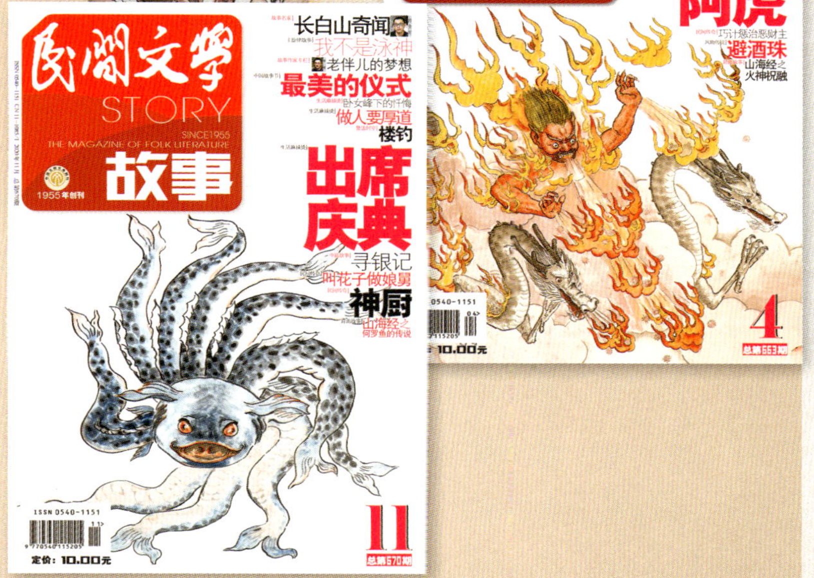

◆ 图像志　　○ 第一部分　　　　　　　○ 第二部分　　　　　　　● 第三部分
　　　　　　　　成立和探索 1950—1966　　新时期再出发 1978—2012　　迈上新征程 2012—2020

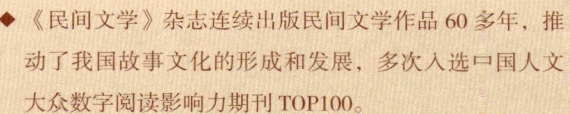

◆《民间文学》杂志连续出版民间文学作品60多年，推动了我国故事文化的形成和发展，多次入选中国人文大众数字阅读影响力期刊TOP100。

◆《民间文化论坛》以深入研究中国民间文化的历史与现状、总结和阐发其规律与意义为基本任务,为弘扬民族文化优秀传统、建设具有国际视野与中国特色的民间文艺与民俗学理论体系提供重要的学术平台。

▲ 图像志　　○ 第一部分　　　　　　　○ 第二部分　　　　　　　● 第三部分
　　　　　　　成立和探索 1950—1966　　新时期再出发 1978—2012　　迈上新征程 2012—2020

◆《民艺》刚一创刊就被誉为"中国最美期刊",为我国民艺的传承发展提供了平台和窗口。

机关党的建设工作

党的建设关系重大、牵动全局。党和人民的事业发展到什么阶段,党的建设就要推进到什么阶段。在中国文联党组的领导下,中国民协分党组高度重视民协机关党的建设工作,带领机关全体党员干部,自觉用习近平新时代中国特色社会主义思想武装头脑,树牢"四个意识",坚定"四个自信",坚决做到"两个维护",当好"三个表率",提高政治站位,坚定政治立场,坚持政治方向,保持和增强群团组织的政治性、先进性、群众性。中国民协严格落实《中国文联党支部标准化规范化建设细则》,充分发挥党支部战斗堡垒作用和党员先锋模范带头作用,带头走好第一方阵,将创建让党中央放心、让人民群众满意的模范机关作为提升党建工作质量、践行"三个表率"的长期目标。中国民协紧紧围绕党和国家工作大局,围绕协会中心工作,认真履行工作职能,全面推进机关党的建设,不忘初心、牢记使命,为圆满完成协会各项工作任务提供了有力的思想保障、政治保障和组织保障。

◆ 2005年4月，中国民协机关党员干部在延安开展党建活动。

◆ 2008年8月，中国民协机关党员干部在井冈山开展主题党日活动。

▲ 图像志　　○ 第一部分　成立和探索 1950—1966　　○ 第二部分　新时期再出发 1978—2012　　● 第三部分　迈上新征程 2012—2020

◆ 2016年6月25日，中国民协机关党员干部在门头沟开展党日活动。

◆ 2018年6月12日,中国民协机关党员干部参观北京新文化运动纪念馆。

图像志　　○ 第一部分　成立和探索 1950—1966　　○ 第二部分　新时期再出发 1978—2012　　● 第三部分　迈上新征程 2012—2020

◆ 2019年2月26日，中国民协机关党员干部在广西湘江战役纪念馆举行主题党日活动。

◆ 2019年6月25日,中国民协机关党员干部赴国家博物馆参观学习。

▲ 图像志　　○ 第一部分　　　　　○ 第二部分　　　　　● 第三部分
　　　　　　　成立和探索 1950—1966　新时期再出发 1978—2012　迈上新征程 2012—2020

◆ 2019年9月3日，中国民协机关召开"不忘初心，牢记使命"主题教育总结大会。

◆ 2020年9月9日,中国民协机关党员干部在国家博物馆举行主题党日活动。

中国民间文艺家协会
70 年

附录

中国民间文艺家协会山花奖历届获奖名单

第一届中国民间文艺山花奖（1999年）

首届中华舞龙大赛		
序号	省份	表演单位
1	湖北	武汉红金龙代表队
2	山东	济南槐荫区闫千户村舞龙队
3	江苏	南京栖霞舞龙队
4	江苏	徐州市鼓楼区"汉魂"舞龙队
5	湖南	湘西花垣县边城巨龙代表队
6	河南	周口地区项城市锣龙队
7	辽宁	大连市金州区女子舞龙队
8	浙江	浦江檀溪寺前村龙灯队

第二届中国民间文艺山花奖（2000年）

首届中国民间文艺家成就奖评奖结果		
序号	奖项	姓名
1	终身成就奖	钟敬文
2	成就奖	董均伦
3	成就奖	贾芝
4	成就奖	姜彬
5	成就奖	肖甡素
6	成就奖	袁珂
7	成就奖	康朗甩
8	成就奖	居素普·玛玛依
9	成就奖	刘德培
首届民间广场歌舞大赛评奖结果		
序号	节目名称	表演单位
1	《黄阁麒麟舞》	广东省番禺代表队
2	《盘鼓舞》	河南省开封市代表队
3	《板鞋抢亲》	广西壮族自治区贺州代表队
4	《淳安竹马》	浙江省淳安县代表队
5	《板凳龙》	浙江省浦江县代表队
6	《南宋街市》	浙江省杭州市上城代表队
7	《鼓舞太平》	甘肃省兰州市代表队
8	《海安花鼓》	江苏省海安代表队
首届影视民俗片评奖结果		
序号	影片名称	出品单位
1	《美从民间来》	北京电视台
2	《温都根查干》	内蒙古电视台

序号	影片名称	出品单位
3	《汉江踏歌》	湖北襄樊电视台
4	《山神后人》	吉林省民协
5	《民间风》	北京电视台
6	《美哉，川北狮灯》	四川省绵阳电视台
7	《江海风》	江苏南通电视台 南通市民协
8	《掌心里的艺术世界》	河北省衡水市

第三届中国民间文艺山花奖（2001年）

首届中华鼓舞大赛		
序号	省份	作品名称
1	河南	《中州大咚鼓》
2	云南	《哈尼族芒鼓舞》
3	云南	《傣族象角鼓舞》
4	北京	《花钹大鼓》
5	浙江	《镇海龙鼓》
6	安徽	《春到鼓乡》
首届学术著作奖		
序号	姓名	作品名称
◆最高荣誉奖		
1	钟敬文	《民间文艺学及其历史》
2	贾 芝	《播谷集》
3	姜 彬	《稻作文化与江南民俗》
◆特别奖		
1	刘魁立	《刘魁立民俗学论集》
2	宋兆麟	《中国生育信仰》
3	乌丙安	《中国民俗学》
4	刘锡诚	《中国原始艺术》
5	吕胜中	《意匠文字》
6	段宝林	《笑话——人间的喜剧艺术》
◆一等奖		
1	张振犁	《中原古典神话流变论考》
2	刘守华	《比较故事学》
3	郎 樱	《玛纳斯论》
4	仁钦道尔吉	《江格尔论》
5	降边嘉措	《格萨尔论》
6	潜明兹	《中国神源》
7	杨利慧	《女娲的神话与信仰》
8	左汉中	《中国民间美术造型》
9	周凯模	《云南民族音乐论》
10	马昌仪	《中国灵魂信仰》
11	汪玢玲	《中国虎文化研究》
12	萧 放	《〈荆楚岁时记〉研究》
13	高国藩	《敦煌民俗学》

续表

序号	姓名	作品名称
14	张 晓	《西江苗族妇女口述史研究》
15	邓启耀	《中国巫蛊考察》
16	陶 阳 牟钟秀	《中国创世神话》
◆二等奖		
1	巫瑞书	《荆湘民间文学与楚文化》
2	刘城淮	《中国上古神话通论》
3	富育光	《萨满教与神话》
4	郗慧民	《西北花儿学》
5	陈建宪	《神话解读》
6	过 伟	《中国女神》
7	徐华龙	《中国神话文化》
8	顾希佳	《祭坛古歌与中国文化》
9	斯钦巴图	《江格尔与蒙古族宗教文化》
10	吴一文 覃东平	《苗族古歌与苗族历史文化研究》
11	钱舜娟	《江南民间叙事诗及故事》
12	陈泳超	《尧舜传说研究》
13	贺学君	《中国四大传说》
14	李树江	《回族民间文学史纲》
15	刘亚虎	《中华民族文学关系史》
16	杨 源	《中国民族服饰文化图典》
17	王纯信 尹国有	《吉林民间美术》
18	董晓萍	《乡村戏剧表演与中国现代民众》
19	郑土有 王贤森	《中国城隍信仰》
20	程 蔷 董乃斌	《唐帝国的精神文明》
21	叶大兵	《俗海探微》
22	陈 烈	《东巴祭天文化》
23	高有鹏	《中国庙会文化》
24	邢 莉	《观音——神圣与世俗》
25	曲彦斌	《民俗语言学》
26	王文宝	《中国民俗学发展史》
27	江 帆	《民俗学田野作业研究》
28	罗汉田	《庇荫》
29	王正伟	《回族民俗学概论》
30	叶春生	《岭南民间文学》
31	山 曼 叶 涛 李万鹏 姜文华 王殿基	《山东民俗》
32	曹保明	《乌拉手记——东北民俗田野考察》
33	徐国琼	《格萨尔——考察纪实》
34	郭永明	《郭氏蒙古通》
35	韩雪峰	《红高粱：辽北习谷》
36	王 光	《寂寞的山神》
37	王建章	《中国南楚民俗学》

续表

序号	姓名	作品名称
38	任骋	《中国民间禁忌》
39	杨琳	《中国传统节日文化》
40	李惠芳	《中国民间文学》
41	麻国钧 麻淑云	《中国传统游戏大全》
◆三等奖		
1	袁学骏	《耿村民间文学论稿》
2	覃桂清	《刘三姐纵横》
3	黄任远	《通古斯——满语族神话研究》
4	农学冠	《岭南神话解读》
5	许辉勋	《朝鲜民俗文化研究》
6	程健君	《民间神话》
7	赵志忠	《中国少数民族民间文学概论》
8	韩致中	《伍家沟村民俗与研究》
9	陈连山	《结构神话学》
10	李扬	《中国民间故事形态研究》
11	刘介民	《从民间文学到比较文学》
12	武文	《甘肃民间文学概论》
13	黄永林	《郑振铎与民间文艺》
14	臧继骅	《民间工艺习俗》
15	张士闪	《艺术民俗学》
16	王静 霍清廉	《民间百工》
17	韦兴儒	《艺术的功能》
18	刘凯	《藏戏及乡人傩新识》
19	钱茀	《傩俗史》
20	韩德英	《民间戏曲》
21	张凤歧 车才	《朝阳秧歌大观》
22	蒙光朝	《壮师剧概论》
23	蔡丰明	《江南民间社戏》
24	段伶	《白族曲词格律通论》
25	周国茂	《摩教与摩文化》
26	吴裕成	《中国的门文化》
27	陈华文	《丧葬史》
28	常人春	《红白喜事》
29	刘志文	《广州民俗》
30	蔡利民	《苏州民俗》
31	齐守成	《都市里的杂巴地》
32	宋德胤	《文艺民俗学》
33	邱国珍	《樟树药俗》
34	王明达 张锡禄	《马帮文化》
35	索晓霞	《无形的链接》
36	黄挺	《潮汕文化源流》
37	金涛	《舟山海洋龙文化》
38	李路阳 吴浩	《广西傩文化探幽》

续表

序号	姓名	作品名称
39	唐楚臣	《从图腾到图案》
40	尕藏才旦 格桑本	《天葬》
41	阿布都克里木 热合满	《丝路民族文化视野》
42	张劲松	《中国鬼信仰》
43	罗义群	《中国苗族巫术透视》
44	山 民	《狐狸信仰之谜》
45	苑 利	《韩民族文化源流》
46	夏 敏	《红头巾下的村落之谜》
47	田传江	《红山峪村民俗志》
48	李福蔚	《西府民俗》
49	傅安辉 余达忠	《九寨民俗》
50	彭金山	《陇东风俗》
51	王定翔	《民间称谓》
52	魏 敏	《民间食俗》
53	孟宪明	《民间礼俗》
54	尉迟从泰	《民间禁忌》
55	马铁鹰	《梅山文化概论》
56	田发刚 谭 笑	《鄂西土家族传统文化概观》
57	马自祥 马兆熙	《东乡族文化形态与古箸文存》
58	郭泮溪	《中国民间游戏与竞技》
59	王亚南	《口承文化论》

民间工艺奖

序号	姓名	类别	作品名称
◆金奖			
1	张宝林	面塑	《中国历代文化名人群像》
2	滕 腾	布糊画	《大威德怖畏金刚》
3	于庆成	泥塑	《王老五》
4	王 玲	陶艺	《九龙回归砚》
5	姚建萍	苏绣	《蒙娜丽莎》
6	刘丽敏 袁桂延	麦秆画	《五牛图》
7	曹燕波	惠山泥人	《琴、棋、书、画》
8	刘静兰	剪纸	《草原吉祥》
9	徐燕丰	高粱秆扎刻	《黄鹤楼》
10	阎夫立	钧艺	《石榴瓶》
◆银奖			
1	韩志耀	桃刻	《核舟记》
2	孙春峰	木刻	《记忆中的三奶奶》
3	林炳生	寿山石雕刻	《镂空三链环》
4	张荣达	泥塑	《老来乐》
5	翟孟义	动皮雕	《东北农家小景》
6	陆洪章	木圆雕	《盆景》
7	漆林生	根艺	《喜玛拉雅之神》

续表

序号	姓名	类别	作品名称
8	伏兆娥	剪纸	《老鼠偷油》
9	王洪雁	编织	《手工编织套装》
10	王华平	瓜子壳粘贴画	《九龙壁》
11	薛大卫	琳琅镶嵌	《草原儿童》
12	刘勇	根雕	《随风涅槃》
13	恭开华	根雕	《逆风飞扬》
14	青林海	蜡染	《瓦当四象方巾》
15	李海英	羽毛画	《金色满园》
16	张宪法	木板烙画	《清明上河图》
17	王中富	泥塑	《春播》
18	朱文立	汝官瓷	《荷花碗》
19	刘修绰	瓷刻	《迈克尔·乔丹》
20	杜松涛	瓷刻	《唐卡"遍净天"》
21	沅和平	手工制作	《九连环》
22	李倩	小制作	《袖珍布鞋》
23	李鹏钧	木雕	《纳西之家》
24	和丽春	木雕	《马蹄踏出的文明》
25	王绣荣	绢人	《杨门女将》
26	张存世	砖雕	《西游记》局部
27	刘家鹏	根书	《虎王》(上、中、下联)
28	杨玉栋	脸谱	《国粹共弘扬》
29	王建华	墨鼓铜画	《唐女赏蕉图》
30	郭海龙 郭海博	铁画	《丰收后的喜悦》
31	蔡云弟	石壶	《寿桃套盒》

第四届中国民间文艺山花奖(2002年)

首届剪纸艺术作品			
序号	省份	姓名	作品名称
◆金奖			
1	北京	赵炳诚	《统一大业》
2	陕西	刘洁琼	《黄土高坡的歌》
3	内蒙古	要红霞	《十二生肖》
4	江苏	周冰	《狂欢》
5	内蒙古	郑胡蝶	《九鱼团花》
6	浙江	林邦栋	《鱼跃龙门》《天女散花》(二幅)
7	辽宁	王力	《奥运世纪情》
8	广东	张拨	《舞龙》《舞狮》(二幅)
9	河北	潘保琦 任玉德	《中华龙》
10	上海	林曦明	《麦收时节》
◆银奖			
1	贵州	王少丰	《傩之二》
2	内蒙古	刘静兰	《望月》
3	天津	王玉清	《国泰民安》

续表

序号	省份	姓名	作品名称
4	北京	赵玉亮	《同根》
5	福建	余忠惠	《一国两制》《和平统一》（四幅）
6	河北	陈越新	《民族大团圆》
7	河北	李宝峰	《团圆》
8	北京	徐 阳	《赛龙舟》
9	福建	朱学舜	《庆团圆》
10	河北	石俊凤	《中国心》
11	江苏	张 勤	《庭院》
12	辽宁	蔡雅新	《藏书票》（二幅）
13	广东	谭伯潮	《金桥连四海》
14	内蒙古	段建君	《草原雄鹰》（二幅）
15	黑龙江	毕再生等	《京剧脸谱》（四幅）
16	云南	勾 弦	《版纳风情》
17	贵州	陈文洪	《苗家拦路酒》
18	内蒙古	王红川	《龙源福喜》
19	浙江	刘启武	《清明上河图》
20	山西	曹秀云	《八十七神仙卷》
◆铜奖			
1	浙江	陈巨中	《庆团圆》（四幅）
2	山东	耿延桢	《丹凤朝阳》
3	内蒙古	荣凤敏	《欢庆》
4	山西	郭梅花	《举国同庆》
5	内蒙古	苏 梅	《幸福门》《团圆》（二幅）
6	山东	王言昌	《一团和气》
7	天津	李 强	《狮舞和平》
8	天津	黄卫东	《团圆》
9	河北	周淑英	《大吉大利》
10	河北	焦新德	《中华大团结》
11	内蒙古	王瑞兰	《草原恋》
12	陕西	余泽玲	《兄妹植树》（团花）
13	黑龙江	刘卫士等	《鄂伦春风情》
14	上海	沈育林	《如意戏水》
15	上海	吴祖德	《民俗〈剃满月头〉》
16	上海	姚延林	《龙的传人》
17	江苏	周蕴华等	《祖国万岁》
18	辽宁	吴德新	《盼》
19	辽宁	翟文慧 冯元平	《归来兮》
20	上海	陈南君	《同里退思园》
21	湖北	刘士标	《国泰民安》
22	重庆	黄 钢	《我的中国心》
23	宁夏	胡希曾	《中华民族大团圆》
24	吉林	倪友芝	《人参姑娘搭车》
25	山东	郝 伟	《月神》
26	江西	谷中和	《傩面》
27	河北	石俊凤 贾永玲	《和平有缘》

续表

序号	省份	姓名	作品名称
28	湖北	何红一	《中华大家园》
29	河南	许煦	《和平景象》
30	云南	沐正戈	《同心庆有余》

第二届民俗影视音像奖

序号	作品名称	出品单位
◆金奖		
1	《西南风情》	北京枫丹白露企划有限公司
2	《杨洛书的木版年画》	中国农业电影电视中心
3	《搬家——高原上的民族》	云南民族电视制作中心、山茶影视制作中心
4	《草原人家》	黄小源（个人）
5	《赫哲族的鱼皮衣》	北京服装学院
◆银奖		
1	《新疆少数民族习俗》	新疆哈密电视台
2	《寸跷传人》	河北电视台
3	《岜沙——一个苗族村寨的故事》	贵州省民协、贵州电视台
4	《卖钢针》	山西晋城电视台
5	《白族工匠村》	云南民族电视制作中心、山茶影视制作中心
6	《赫哲绝唱——伊玛堪》	黑龙江省民协、黑龙江电视台
7	《梦幻之神》	江西省萍乡市文联
8	《淮阳泥泥狗》	中国农业电影电视中心
9	《满汉全席》	辽宁省民协、沈阳市民协
10	《家在独龙江》	云南民族电视制作中心、山茶影视制作中心
◆铜奖		
1	《侗族大歌——人与山水的和声》	贵州电视台、贵州省政协、贵州省民协
2	《核桃园里闹红火》	河北电视台
3	《羌葬》	四川绵阳广播电视中心
4	《阔克麦西米莆》	新疆哈密电视台
5	《沧州落子》	河北电视台
6	《嘿肘阁》	河南开封电视台
7	《人龙》	湖南衡阳电视台
8	《正月里赛大猪》	广东汕头广播电视节目中心
9	《森林杂音的文化》	云南民族博物馆
10	《龙乡绝艺》	河南省民协、河南省电视台文体频道
11	《烧龙》	广东汕头广播电视节目中心
12	《阳城道情》	山西晋城电视台
13	《把根留住》	青海电视台、青海省文联民协
14	《陇东道情皮影》	甘肃庆阳电视台、甘肃省民协
15	《看天津》	天津市民协 天津电视台
16	《未被遗忘的声音》	北京图云影视策划有限公司
17	《神秘的岜沙》	中国农业电影电视中心
18	《阳城鼓书》	山西晋城电视台

第五届中国民间文艺山花奖（2004 年）

第二届学术著作奖		
序号	作者	作品名称
荣誉奖		
1	乌丙安	《民俗学原理》
2	汪玢玲	《中国婚姻史》
一等奖		
1	朝戈金	《口传史诗诗学》
2	吕 微	《神话何为》
3	陈岗龙	《蟒古思故事论》
4	阿地力·朱玛吐尔地 托汉·依莎克	《居素普·玛玛衣评传》
5	黄 涛	《语言民俗与中国文化》
6	张劲松 赵 群 冯荣军	《蓝山县瑶族传统文化田野调查》
7	马昌仪	《全像山海经图比较》
8	孟慧英	《中国北方民族萨满教》
9	陈勤建	《中国鸟信仰》
10	万建中	《解读禁忌》
11	郑一民	《东瀛圣迹考》
二等奖		
1	安德明	《天人之际的非常对话》
2	韦苏文	《民间故事心理学》
3	巫瑞书	《孟姜女传说与湖湘文化》
4	罗 曲	《彝族民间文艺概论》
5	李子贤	《多元文化与民族文学》
6	李雄飞	《河州"花儿"与"陕北"信天游文化内涵的比较研究》
7	柯 杨	《诗与歌的狂欢节——"花儿"与"花儿会"之民俗学研究》
8	吴 超	《中国民歌》
9	高有鹏	《中国民间文学史》
10	杨海涛 李丽芳	《凝固的旋律——纳西族音乐图像学的架构与审美阐释》
11	陈文增	《定窑研究》
12	丁 川 丁文涛	《生命意识——民间美术的永恒主题》
13	王纯信 王 纪	《萨满绘画研究》
14	李 强 柯 琳	《民族戏剧学》
15	董晓萍	《田野民俗志》
16	于学斌	《鄂伦春游猎生活》
17	蔡丰明	《上海都市民俗》
18	文化（苏依拉）	《卫拉特——西蒙古文化变迁》
19	曲彦斌	《中国招幌与招徕市声》
20	常人春	《老北京的民俗行业》
21	叶大兵	《俗海拾贝》
22	张文涛	《邯郸民俗录存》
23	王文宝	《中国民俗研究史》

续表

序号	作者	作品名称
24	郭淑云	《原始活态文化——萨满教透视》
25	赵志忠	《萨满的世界〈尼山萨满〉论》
26	尹虎彬	《古代经典与口头传统》
27	黄任远	《赫哲那乃阿伊努原始宗教研究》
28	刘晓春	《仪式与象征的秩序》
29	廖明君	《壮族自然崇拜文化》
30	陈 烈	《中国祭天文化》
三等奖		
1	段剑秋 张献青	《黄河三角洲民间文学研究》
2	余大喜	《中国傩神谱》
3	田茂军	《锉刀下的风景——湘西苗族剪纸的文化探寻》
4	汪鸿明 丁作枢	《莲花山与莲花山"花儿"》
5	高 巍	《四合院——砖瓦建成的北京文化》
6	吴志刚	《彝族烟盒舞与海菜腔》
7	程金城	《中国西部艺术》
8	徐海燕	《悠悠千载一金莲》
9	叶旭明	《民风俗韵》
10	李朝旺	《石屏彝族民俗》
11	鄂·苏日台	《鄂伦春狩猎民俗与艺术》
12	黄 河	《三陇民俗》
13	王焰安	《桃文化研究》
14	叶丽娅	《典妻史》
15	徐华龙	《泛民俗学》
16	江 帆	《生态民俗学》
17	陶思炎	《应用民俗学》
18	顾 军 苑 利	《中国民俗学教程》
19	李稚田	《开篇锣鼓——李稚田民间文化论著集》
20	袁学骏	《民间文艺论集》
优秀奖		
1	刘芝凤	《中国土家族民俗与稻作文化》
2	马卉欣	《盘古学启论》
3	陈正平	《巴渠民间文学与民俗研究》
4	苏晓星	《苗族文学史》
5	彭世强	《北京名人故居》
6	王剑峰	《桑植白族经济与社会结构研究》
7	冯 峥	《漠海钩沉——阳江民俗文史研究》
8	吴诗池 邱志强	《文物民俗学》
9	马光星 赵清阳 徐秀福	《人神狂欢——黄河上游民间傩》
10	杨坚平	《潮州民间美术全集》

民间工艺奖

序号	类别	作者	作品名称
金奖			
1	布糊画	滕 腾	《密宗佛祖系列》

续表

序号	类别	作者	作品名称
2	皮革烙画	卢云山	《鄂尔多斯婚礼》
3	鱼皮画	刘 升	《赫哲族鱼皮服饰》
4	漆线雕	沈锦丽	《九龙呈瑞》
5	木版年画	张殿英	《保护木版年画三大件》
6	木雕	李凤强	《侯门多福寿》
7	堆绣	增他加	《释迦牟尼》
8	陶瓷	卢山义	《三彩刻画酒坛》
9	服饰	吴元新	《蓝印花布工艺品系列》
10	寿山石雕	陈天春 林玉麟	《夜宴桃李园》
11	丝棉画	袁洪滨	《白石老人》
12	剪纸	倪秀梅	《东北大豆香》
银奖			
1	微刻	包英志	《伟人诗词微刻》
2	木雕	吴文忠	《怒禅》
3	石雕	黄红民	《锦绣河山》
4	特种工艺	高庆民	《青冥宝剑》
5	紫檀家具	林福星	《顶竖柜》
6	剪纸熏画	刘玉秀	《生生不息》
7	玉雕	高兆华	《童趣》
8	牙雕	李凤荣	《群仙赴寿图》
9	木雕	罗春旺	《傩王》
10	陶瓷	汪 洋 汪春麟	《家传凹凸浑墨料瓷》
11	银雕	林仕元	《鼎盛中华》
12	陶瓷	阎夫立	《玄鸟系列》
13	寿山石雕	邱瑞坤	《惠安女》
14	风筝	孔炳彰	《孙悟空》
15	泥塑	季玉梅	《乡间泥塑系列》
16	木雕	张仁华	《九龙八凤》
17	竹编	季 夏 杨振明	《竹艺系列》
18	烙画	郝友友	《天下吉祥图》
19	仿古家具	王洪斌	《荷花宝座》
20	漆画	郑崇尧	《花趣》
21	工艺灯彩	胡金龙 孙 杰	《品字亭灯》
22	铜雕	孙德忠	《山葡萄》
23	麦秆画	王华平	《虢国夫人游春图》
24	根雕	叶前荣	《悟道卷》
铜奖			
1	木雕	鸿艺雕刻厂集体创作	《三宝法会》
2	木雕	郑星油	《苗女》
3	剪纸	周兆明	《白蛇传》
4	现代烙画	钱大统	《齐白石》
5	刺绣	李 勇	《二龙戏九凤》
6	翻簧竹雕	罗启松	《右军爱鹅图》
7	木雕	朱 宇	《宁静》

续表

序号	类别	作者	作品名称
8	剪纸	郭梅花	《赛场》
9	陶瓷	吕建军	《奥运龙陶瓶》
10	陶瓷	黄新本	《果实系列》
11	文房四宝	章永军	《中国辽砚——万众一心》
12	竹编	耿月新	《梅、兰、竹、菊》
13	折纸	董现坤	《十二生肖系列》
14	布艺	孙忠琴	《东北布艺挂件》
15	泥塑	张密林	《上下五千年》
16	根艺	高乃峰	《根须工艺画》
17	木雕	郁异人画 宋问渔书 房明建刻 周克祥策划	《四大名著》
18	石雕	刘传斌	《踏歌行》
19	刺绣	爱雅施理	《成吉思汗将领肖像系列》
20	棉塑	罗晓林 丁维桂	《菩萨与弟子》
21	陶瓷	邬书远	《十二生肖》
22	木雕	林国强	《花篮》
23	葫芦雕	花伟斌	《葫芦观世音》
24	木雕	游良照	《钟馗出巡》
25	唐卡	完码奔	《宗喀巴》
26	木版年画	吴兴威	《武强年画》
27	毛猴	邱贻生	《厂甸庙会》
28	纸织画	周文虎	《百米五百罗汉》
29	木雕	张绍武	《水浒一〇八将》
30	绒绣壁挂	杨希彬	《中华魂》
31	仿古家具	游君立	《架子床》
32	蜡染	柳州民间艺术馆	《毛泽东长征诗一首》
33	影雕	陆裕臣	《清明上河图》
34	剪纸	韩宝菊	《五德图》
35	刻纸	朱晓坤	《百福骈臻》
优秀奖			
1	剪纸	谢亦锋	《百鸡图》
2	剪纸	韩 萍	《清明上河图》
3	木雕	翟仁伟	《与佛有缘五百罗汉》
4	木雕	王汉智	《桃园三结义》
5	皮影	李 戈	《仕女》
6	铜雕	唐吉洲	《秋实》
7	陶瓷	顾启望	《翻簧孔雀花瓶》
8	彩绘	李守白	《上海石库门系列》
9	面塑	李效普	《面塑系列》
10	皮影	张华川	《皮影道具系列》
11	石雕	王金根	《螳螂捕蝉黄雀在后》
12	服饰	郭 丽	《紫玉木兰工艺布鞋》
13	剪纸	许 煦	《兰亭序》
14	编织	杨雪梅	《藏歌》
15	剪纸	张丽君	《九龙图》

续表

序号	类别	作者	作品名称
16	剪纸	衡瑞霞	《四大名著全套人物》
17	陶瓷	韦毛华	《国魂》
18	玉雕	许元蕃	《二十八手观音》
19	石雕	陈宝如	《屈原》
20	铜雕	黄文寿 林飞鹤 黄淑钦	《关公韦陀》
21	挂毯	徐鸿钧	《雪域圣碑》
22	牙雕	何思义	《象牙扇微雕》
23	木雕	刘家鹏	《大型红木九龙关公》
24	雕塑	江岷	《天下第一瓶》
25	漆画	陈赵瑞	《门神（秦琼）》
26	漆画	林潮明	《门神（尉迟恭）》
27	风筝	吉华	《吉华哨口风筝》
28	陶瓷	侯汉鹏	《周恩来像》
29	脱胎漆器	黄华宗	《藏传释迦佛》
30	根雕	屠刚	《百兽图古瓶》
31	雕塑	苏永生	《春夏秋冬》
32	木雕	林庆全	《奔月》
33	雕塑	胡科伟	《龙鼻地戏脸谱金兀术》
34	微雕	陈红	《三国》
35	木雕	潘启慧	《金陵十二钗》
36	铅笔屑贴画	武四新	《五福贺喜》
37	雕塑	任登文	《虎虎生威》
38	漆艺	陈天赣	《旋纹花插》
39	铅笔屑画	黄大钰	《三月黄花》
40	剪纸	廖允武 林秀美	《三明山水欢迎您》
41	画塑	李宁	《瑶池盛会》
42	陶瓷	郭长海	《夷汉辞典》
43	木雕	陈益平	《尊老爱幼》
44	草编	丘振杰	《草编系列》
45	寿山石雕	陈益晶 林荣发	《品》
46	雕塑	罗财富	《苏武牧羊》
47	竹刻	吴元星	《七仙女思凡》
48	雕塑	柯璀玲	《裕固圣火》

第六届中国民间文艺山花奖（2005年）

民间工艺奖			
序号	类别	作者	作品名称
金奖			
1	蜡像	尔宝瑞	《齐白石》
2	铁板浮雕	郭海龙 郭海博	《丑娃》
3	木雕	王树元	《田园秋色》
4	石雕	庄长华	《皆大欢喜》

续表

序号	类别	作者	作品名称
5	木雕	李凤强及研究所设计小组	《瑶池集庆》
6	刺绣	姚建萍 赵采芹	《世纪和平——百鸽图》
7	石雕	张爱光	《秋色可餐》
8	玉雕	高兆华	《仿古鸳鸯三链瓶》
9	布雕	常 诚	《百子长卷》
10	泥塑	张荣达	《喜脉》
银奖			
11	石雕	林志峰	《童子拜观音》
12	越塑	胡阿寿	《八十七神仙卷》
13	刺绣	吕 存	《夫人肖像》
14	彩塑	陈锡平	《侠虚大师像》
15	唐卡	青 培	《释迦牟尼》
16	烙画	赵保国 张如良	《逛津城》
17	丝兰画	白金生	《清明上河图》
18	石雕	刘传斌	《谈古论今》
19	石雕	郑则评	《牧童遥指杏花村》
20	泥泥狗	邵 波	《十二生肖》
21	木雕	王笃芳	《岁月》
22	彩塑	逯 彤	《春江花月夜》
23	纤维画	袁洪滨	《狮神》
24	陶艺	韦毛华	《知音》
25	范匏葫芦	张才日	《八不正》
26	定窑	和 焕	《龙凤呈祥》
27	风筝	魏国秋	《喜相逢》
28	蜡染	青林海	《民族饰女》
29	漆画	司徒华	《藏画——四面八臂观音》
30	木版年画	冯炳棠	《梅花童子》
铜奖			
1	艺术人偶	孟庆慧	《护法韦陀》
2	荷包刺绣	史 莉	《梁祝》
3	木雕	游良照	《霸王别姬》
4	银工艺	林仕元	《金龙戏珠》
5	石雕	谢 麟	《五福临门》
6	木雕	吴文忠	《超禅》
7	漆器脱胎	黄华宗	《飘海观音》
8	翻簧浮雕掌扇	罗启松	《纨扇仕女图》
9	布雕	郑镇怀	《八十七神仙卷》
10	石雕	林爱平	《将军赴宴》
11	麦秆画	刘丽敏 袁桂廷	《五牛图》
12	彩塑	傅长圣	《逗你玩》
13	刻瓷	吴长立	《鲁迅》
14	宫灯	周荣斌	《中华世纪龙》
15	汝瓷	朱文立	《三足洗》
16	微画	谭春雷	《画中微画·赐福》

续表

序号	类别	作者	作品名称
17	盆景	曹永华	《榆林晨曲》
18	农民画	曹金根	《欢乐的农民小区》
19	麦秆画	聂远征	《太平图》
20	智慧巧环	阮和平	《日、月、星辰》
21	紫砂陶	董博达	《富贵花开》
22	木雕	周德信	《龙柱》
23	根艺	郝荣田	《船厂遗韵》
24	脸谱	杨玉栋	《孙悟空》
25	风筝	惠俊社 丁福兴	《仕女》
26	剪纸	伏兆娥	《火花系列〈西游记〉》
27	布艺	李倩	《布艺、针扎》
28	木雕	黄朋飞	《罗汉百态图》
29	发绣	陈净	《迎》
优秀奖			
1	彩塑	张宇	《福》
2	木版年画	隆回县文化局	《滩头年画·老鼠娶亲》
3	根须画	高乃峰	《出塞图》
4	烙画	张宪法	《雍正游乐图》
5	烙画	任振权	《父亲》
6	微书	钟华	《中国人民解放军将帅名录》
7	染画	马践	《富贵图》
8	锯末画	王富瑞	《红色的阔展》
9	压花	赵国防 刘峄 张俊 陈德芬 张胜起 陈玥	《舞》
10	彩塑	王宝臣	《心愿》
11	彩塑	王有为	《渴望》
12	木版年画	邰立平	《三盗芭蕉扇》
13	糖塑	张福海	《玉米蝈蝈》
14	玳瑁雕刻	周础	《插屏》
15	胡须微雕	张振祥	《平安富贵》
16	影雕	张绪仁	《九九归一》
17	木雕	郑国明	《郑板桥》
18	石雕	徐巧永	《早传春信》
19	石雕	刘宙	《古韵》
20	石雕	张志在	《花开富贵》
21	石雕	曾宇江	《瑚礁拾趣》
22	石雕	苏晋云	《中华扬子鳄》
23	石雕	陈建熙	《百鸟朝凤》
24	石雕	刘丹明	《中国魂》
25	石雕	徐玮	《孤帆一片日边来》
26	石雕	温九新	《龙腾鱼跃》
27	石雕	邱瑞坤	《猫视眈眈》
28	制砚	程学勇	《雄风图》
29	玉雕	许元潘	《飞天乐女》(一组两件)

序号	类别	作者	作品名称
30	刻瓷	王一君	《古韵》
31	彩塑	张凡云	《素女》
32	脸谱	黄殿祺 黄 勇 黄 萍	《中国京剧百谱图》
33	京剧人形	钟有琴	《杨玉环（贵妃醉酒）》
34	撕纸	黄国祥	《苗家凤凰》
35	剑器	衡起通	《微型宝刀宝剑》
36	皮革工艺	乌兰巴特尔	《库库尔》
37	皮影	郑 红	《番王》
38	汴绣	韩玉琴	《民间彩拼刺绣壁挂》
39	插花	孙振起	《时尚新浪》
40	易拉罐工艺	马伟东	《汉寿亭侯》

第七届中国民间文艺山花奖（2006年）

民间文艺成就奖（个人成就奖）		
序号	省份	作者
1	江苏	吴元新
2	河北	张汝财
3	安徽	袁洪滨
4	河南	阎夫立
5	河北	滕 腾
民间艺术（灯彩）奖		
序号	省份	作者、制作单位	作品名称
金奖			
1	广东	张金培、尹全 东莞市城区文化服务中心 东莞市勤上灯饰工程有限公司	《千角灯》
2	江苏	陈柏华 句容市彩灯厂 陈柏华工作室	《金鸡吉祥》
3	辽宁	沈阳市文化局 自贡市海天文化传播有限公司	《金鸡报晓》
4	浙江	胡金龙 海宁市硖石镇灯彩社	《采莲船》
5	四川	自贡灯会展出有限公司	《瓷器宫灯王》
银奖			
1	辽宁	自贡市海天文化传播有限公司	《山花烂熳》
2	辽宁	方振生、石立梅 沈阳市民间文艺家协会	《龙腾盛京》
3	江苏	顾业亮 南京夫子庙秦淮彩灯艺术中心	《秦淮娃娃闹春乐》
4	辽宁	张志武、赵宝田等 沈阳东祥灯业公司	《大清渊起》
5	甘肃	张树兴	《黄帝问道》
6	山西	高鑫玺、马锦林、候旭光 山西榆次老城	《宝珠麒麟灯》
7	广东	杜烈生	《鸿运富贵灯》
8	广西	潘铁明	《七彩花灯》
9	辽宁	自贡市海天文化传播有限公司	《西洋灯树》

续表

序号	省份	作者、制作单位	作品名称
铜奖			
1	浙江	俞进飞	《宝塔灯》
2	辽宁	张志武、赵宝田等 沈阳东基集团	《荷花仙子》
3	辽宁	沈阳万胜灯会	《大秧歌》
4	辽宁	灯之城彩灯产业有限公司	《百福祈愿灯》
5	重庆	申永畅	《秀山花灯》
6	天津	陈向立 天津市兴津工艺彩灯厂	《莲年有鱼》
7	山西	李俊英	《布艺龙灯》
8	山西	焦培斌	《中国宫灯》
9	山西	郭二牛	《金鸡啼鸣》
10	山西	常嗣新、郑爱武	《中国结灯》
11	辽宁	沈阳飞机工业集团有限公司	《长空利剑》
12	辽宁	沈阳市东祥艺术灯饰厂	《普天如意·人生多彩》
优秀奖			
1	浙江	俞进飞	《花篮灯》
2	浙江	胡金龙 海宁市硖石镇灯彩社	《品字亭灯》
3	甘肃	燕刚	《敦煌飞天》
4	四川	自贡灯会展出有限公司	《玻璃试管恐龙》
5	吉林	赵波	《鸡年大吉》
6	广西	潘庆权	《斗牛彩灯》
7	江苏	陈柏华 句容市彩灯厂 陈柏华工作室	《金鸡报晓》
8	天津	陈向立 天津市兴津工艺彩灯厂	《钟馗戏蝠》
9	山西	常嗣新、郑爱武	《大八仙过海灯》

民间艺术表演奖（民间鼓舞鼓乐）			
序号	表演单位	推荐单位	作品名称
1	云南省昆明市东川区彝族神鼓舞队	云南省民协	《彝族神鼓舞》
2	山西省临汾市尧都区群众艺术馆	山西省临汾市尧都区政府	威风锣鼓《黄河雄风》
3	广东省汕头市濠江潮州音乐团	广东省民协	潮州大锣鼓《六国封相》
4	西藏自治区山南地区艺术团	西藏自治区民协	《卓舞》
5	山西省平遥国际金庭家俱乐部	山西省民协	《边关鼓韵》

民间艺术表演奖（民间广场歌舞）			
序号	表演单位	推荐单位	作品名称
1	云南大理南涧彝族跳菜舞表演队	云南省民协	《跳菜舞》
2	广东省湛江文车醒狮艺术团	广东省民协	《雷州雄狮展英姿》
3	广东省东莞市樟木头文化站	广东省民协	《麒麟戏钱鼓》
4	贵州省毕节地区赫章县歌舞团	贵州省民协	《彝族铃铛舞》
5	福建闽西客家艺术团 福建龙岩山歌剧团	福建省民协	《绿蓑衣》

民间艺术表演奖（民俗礼仪表演）			
序号	表演单位	推荐单位	作品名称
1	河北省抚宁县文艺代表队	河北省民协	《四美容》
2	山西省忻州八音艺术团	山西省民协	《山水关豪情》

续表

序号	表演单位	推荐单位	作品名称
3	陕西省子长县文体局	陕西省民协	《翻身道情、兰花花、大摆队》
4	青海省民协	青海省民协	《大鹏翱翔》（夏格雪金）
5	辽宁省辽阳市黄家鼓乐班	辽宁省民协	《月上佳人》

第八届中国民间文艺山花奖（2007年）

民间工艺美术作品奖				
序号	省份	作者	作品名称	奖别
1	湖南	邬建美	《人与自然》	湘绣
2	西藏	旦巴	《千手观音》	唐卡
3	江苏	段炳臣	《同里退思园》	烙画
4	江苏	吴元新	《桌旗系列》	蓝印花布
5	贵州	苗艺	《苗族的传说》	蜡染
6	河南	邵波、刘保青	《图腾系列》	泥泥狗
7	湖南	彭若君	《荷塘鹭色》	湘绣
8	河南	阎夫立	《金镶玉工艺壶》	钧瓷
9	福建	林福星	《千工拔步床》	红木家具
10	福建	沈锦丽	《九龙献瑞》	漆线雕
11	江苏	苏州市苏绣文化艺术研究中心	《毛泽东在北戴河》	苏绣
12	天津	王玓	《八仙过海》	面塑
13	河北	金一鸣	《情》	内画
14	浙江	王笃芳	《大唐马球竞技》	黄杨木雕
15	山东	张冰	《千福》	葫芦雕
16	山西	梁峻维	《农家出勤》	木雕
17	江西	孙同鑫、孙立新	《十里春风满长安》	青花瓷
18	河南	王玲	《黄河岸边是我家》	砖雕
19	福建	郑则评	《玺印春秋》	寿山石
20	江苏	姚建萍	《父亲》	苏绣
21	江苏	徐海林	《郑和宝船》	仿真古船
22	山西	李斌杰	《山西民歌系列》	剪纸
23	陕西	高金爱	《爱虎》	剪纸
24	浙江	林邦栋	《西部开发新路》	剪纸
25	江苏	张秀芳	《鹤舞云霄》	剪纸
26	甘肃	金香莲	《农耕生活》	剪纸
27	河北	张冬阁	《戏曲人物集锦》	剪纸
28	河南	秦竹林	《蝈蝈白菜》	绢艺
29	江苏	江苏爱涛艺术精品有限公司	《剔红九龙海水纹天球瓶》	漆器
30	青海	才让当周	《释迦牟尼本生传》	唐卡
31	河北	河北省乐亭县文化体育局	《乐亭皮影雕刻》	皮影
32	江西	周信兴	《奥运微雕象牙笔》	象牙微雕
33	浙江	张德和	《茅屋·秋风》	竹根雕
34	北京	齐聪颖	《京剧绢人》	绢艺
35	吉林	彭祖述	《牡丹颂》	石雕

续表

民间艺术表演奖			
序号	省份	节目名称	表演单位
1	四川	《白蛇传》《穆柯寨》	江油市高抬戏表演艺术团
2	广东	《争荣弃耻》《七姐下禺山》	广州市番禺区化龙潭山飘色队
3	山西	《穆桂英挂帅》	山西省民间抬阁艺术团
4	山东	《王小赶脚》《三打白骨精》	章丘市芯子代表队
5	广东	《欢乐神州》《龙马精神》	茂名市信宜镇隆明珠飘色团

民间文艺学术著作奖			
序号	省份	作者	著作名称
1	河北	郑一民 田永翔 薄松年	《中国民间剪纸集成·蔚县卷》
2	河南	吴效群	《妙峰山：北京民间社会的历史变迁》
3	上海	郑土有	《吴语叙事山歌演唱传统研究》
4	浙江	姜 彬 金 涛	《东海岛屿文化与民俗》
5	北京	阿地里·居玛吐尔地	《〈玛纳斯〉史诗歌手研究》
6	北京	王 静	《中国的吉普赛人——慈城堕民田野调查》
7	北京	曲六乙 钱 茀	《东方傩文化概论》
8	山西	朱景义 朱 文	《孝义皮影戏史话》
9	北京	刘 建	《宗教与舞蹈》
10	浙江	张 琴	《中国蓝夹缬》
11	广西	王甲辉 过 伟	《台湾民间文学》
12	山东	张士闪	《乡民艺术的文化解读》
13	辽宁	吉国秀	《婚姻仪礼变迁与社会网络重建》
14	吉林	郭淑云	《多维学术视野中的萨满文化》

民间文学奖			
序号	省份	作者	作品名称
1	广西	宾 炜	《升旗升旗》
2	湖北	尹全生	《舔血的狼》
3	山东	孙高群	《草垛上的情人节》
4	吉林	张国心	《好媳妇千里挑一》
5	上海	郁林兴	《墙壁为谁留》
6	新疆	罗蜀疆	《巴特，乔龙和白隼》
7	江苏	徐风清	《背着老娘游黄山》
8	黑龙江	赵守玉	《死也不换娘》
9	辽宁	江 帆	《谭振山故事精选》
10	云南	陶贵学	《中国云南花腰傣民间文学作品集》
11	江苏	殷召义	《徐州民间歌谣集》（三册）
12	浙江	张长弓	《古歌悠扬》
13	新疆	马雄福	《西域民间故事》

民间文艺终身成就奖		
序号	省份	姓名
1	北京	贾 芝
2	新疆	居素普·玛玛依
3	四川	冯元蔚

续表

序号	省份	姓名
4	河南	张振犁
民间文艺成就奖		
序号	省份	姓名
1	北京	刘锡诚
2	北京	刘魁立
3	北京	陶阳
4	北京	段宝林
5	天津	张仲
6	辽宁	乌丙安
7	湖北	刘守华
8	广西	过伟
9	河北	宋孟寅
10	湖南	林河
11	甘肃	柯杨
12	甘肃	郝苏民
13	福建	陈炜萍
14	贵州	范禹
15	山西	刘琦
16	内蒙古	胡尔查
17	云南	王松
18	江苏	周正良
19	吉林	富育光
20	上海	罗永麟

第九届中国民间文艺山花奖（2009年）

民间艺术表演奖		
民俗礼仪表演奖		
序号	作品名称	代表队
1	《赛龙夺锦》	广东省广州市番禺区沙湾镇文化体育服务中心
2	《蝶恋梁祝》	浙江省宁波市鄞州区咸祥镇抬阁队
3	《吉祥土默川》	内蒙古自治区呼和浩特市土默特左旗民间艺术团
4	《一举夺冠》	广东省广州市番禺南村镇文联
5	《小二姐游春》	安徽省寿县正阳关民间艺术团

民间文艺学术著作奖			
序号	作者	类别	作品名称
1	钟敬文 萧放等	民俗学	《中国民俗史》
2	张振犁 陈江风 任骋	民俗志	《中原文化大典·民俗典》
3	顾希佳	民间文学	《浙江民间故事史》
4	武宇林	民间文学	《中国花儿通论》
5	徐艺乙	民俗学	《中国民俗文物概论》
6	段友文	民俗学	《黄河中下游家族村落民俗与社会现代化》
7	朱恒夫	民间艺术	《滩簧考论》

续表

序号	作者	类别	作品名称
8	周来达	民间艺术	《百年越剧音乐新论》
9	曲彦斌	民俗学	《中国典当史》
10	张敏杰	田野调查	《赫哲族渔猎文化遗存》
11	李云峰 李子贤 杨甫旺	民间文学	《梅葛的文化学解读》
12	岳永逸	民俗学	《空间、自我与社会：天桥街头艺人的生成与系谱》
13	刘晓峰	民俗学	《东亚的时间》
14	田 明	民间艺术	《土家织锦》
15	刘亚虎	民间文学	《神话与诗的"演述"》
16	刘铁梁	民俗志	《中国民俗文化志·北京门头沟区卷》
17	林继富	民间文学	《民间叙事传统与故事传承——以湖北长阳都镇湾土家族故事传承人为例》
18	何克俭 杨继国	民俗志	《宁夏民俗大观》

民间文学作品奖

序号	作者	类别	作品名称
1	靳宏琴 佟 涛	故事	《喀左·东蒙民间故事》（全套）
2	周静书	歌谣	《梁祝文库》（民间歌谣上、下卷）
3	朱海容	长诗	《华抱山》全集
4	殷召义	故事	《中国民间故事全书·徐州卷》
5	宜昌文联	故事	《中国民间故事全书·宜昌卷》
6	袁学骏 刘 寒	故事	《耿村一千零一夜》（全套）
7	龙殿宝等	歌谣	《仫佬族古歌》
8	陆瑞英 周正良 陈泳超	故事 歌谣	《陆瑞英民间故事歌谣集》
9	傅英仁 张爱云 朱佳新	故事	《傅英仁满族故事》
10	白 琅	新故事	《60年后的握手》
11	吴林森	新故事	《糖心山芋》
12	丰国需	新故事	《看一眼一百万》
13	范大宇	新故事	《迪珍姑娘》
14	钱 岩	新故事	《有一条路叫幸福》

民间工艺美术作品奖

序号	省份	作者	类别	作品名称
1	福建	沈锦丽	漆线雕	《九龙球》
2	河北	承德市龙腾艺术馆	布糊画	《龙凤宝相瓶》
3	福建	王宝生	木雕	《腾飞》
4	浙江	郑宝根	竹根雕	《点睛》
5	江苏	万亚钧	紫砂壶	《华诞提梁壶》
6	江西	孙立新	传统薄胎瓷	《江南春晓瓷灯》
7	吉林	冯宇平	偶人	《琼楼清韵》
8	浙江	朱炳仁	铜雕	《桥》
9	江苏	宋水官	橄榄核雕	《乘风破浪》

续表

序号	省份	作者	类别	作品名称
10	江苏	姚建萍刺绣艺术馆	苏绣	《江山如此多娇》
11	浙江	吴松江	石雕	《江南民居系列》
12	辽宁	刘吉程	面塑	《金陵十二钗》
13	浙江	陈盖洪	木雕	《万工轿》
14	天津	陈毅谦	彩塑	《弘一法师》
15	江苏	孙林泉 周平	玉雕	《吉祥三宝·和谐碗美》
16	河南	韩玉琴	刺绣	《忠孝图》
17	河北	张增楼	内画	《十二生肖》
18	青海	官却扎西	唐卡	《无量光佛极乐世界》
19	江西	张小红	夏布手工艺	《清明上河图》
20	黑龙江	付清泉	鱼皮工艺	《远古的回声》
21	湖南	彭若君	湘绣	《百鸟朝凤》
22	陕西	胡新明	泥塑	《坐虎》
23	江苏	鲍峰岩	紫砂壶	《怡烛提梁壶》
24	新疆生产建设兵团	杨新平	烙画	《军垦情系列》
25	河南	高水旺	唐三彩	《三彩啃蹄马》
26	江苏	韩荣庆	邮票拼贴画	《温总理情系汶川灾区》
27	湖南	漆林生	根雕艺术	《伊甸园》
28	浙江	孟永国	彩色发绣	《温家宝》
29	江苏	吕俊杰	紫砂壶	《追古提梁壶》
30	福建	连铁杞 徐元宝 林友华	木雕	《宝塔》
31	浙江	赵秀林	铜雕	《兰亭序》
32	广东	何永麟	雕刻	《金易宝》
33	宁夏	李五奎	黑陶	《刻岩画罐》
34	湖南	柳建新	湘绣	《荷塘清趣》
35	湖北	黄春萍	刺绣	《屹立的国旗》
民间文艺成就奖				
序号	省份	姓名		
1	吉林	曹保明		
2	黑龙江	王士媛		
3	河北	郑一民		
4	北京	段宝林		
5	广西	农冠品		
6	广东	罗学光		
7	重庆	陈帮贵		
8	江苏	吕尧臣		
9	甘肃	马自祥		
民俗影像作品奖				
序号	作品名称	选送单位		
1	《京族——哈节》	广西民间文艺家协会		
2	《贵州屯堡文化》	天津电视台		
3	《寻吟"东巴"》	四川宜宾电视台		
4	《大地吹歌》	秦皇岛电视台		

序号	作品名称	选送单位
5	《川江绝响》	北京科学教育电影制片厂
6	《天边的部落》	新疆兵团电视台
鼓舞鼓乐奖		
序号	省份	作品名称
1	新疆	《庆丰收》
2	河南	《干封盘鼓舞》
3	云南	《德昂族水鼓舞》
4	河北	《鼓舞尧乡》
5	浙江	《红妆鼓乐》
6	湖南	《湘西苗族鼓舞》
7	贵州	《鼓之源》
8	江西	《得胜鼓》

第十届中国民间文艺山花奖（2012年）

民间工艺美术作品奖				
序号	省份	作者	类别	作品名称
1	江苏	张红华	紫砂陶	《大双竹提梁壶》
2	江苏	凌锡苟	紫砂陶	《日月同辉壶》
3	浙江	裘群珠	金银彩绣	《甬城风情图》
4	江苏	薛金娣	刺绣	《捣练图》
5	北京	张宝珍	面塑	《霸王别姬》
6	河南	阎夫立	钧瓷	《大团结》
7	江苏	吴灵姝 吴元新 宋晓鑫 陈正飞	民间印染	《夹缬系列·喜鹊登梅》
8	山东	周志娟	绒绣	《贤明带来丰收与和平》
9	福建	林鹤	寿山石雕	《西岳云台歌》
10	山东	郭万祥	剪纸	《花开芙蓉》
11	江西	刘滨鸿	陶瓷	《金秋》
12	江西	陆岩	陶瓷	《映日荷花》
13	广东	广东省广州市番禺区化龙镇潭山村代表队	贡案	《长生殿》
14	广东	广东省东莞市望牛墩镇文广中心代表队	贡案	《仙凡缘》
15	河北	周广	剪纸	《八仙》
16	山西	杨毅	剪纸	《河东婚俗》
17	辽宁	韩月琴	剪纸	《双龙汇》（四幅一组）
18	福建	林东	寿山石	《孙悟空过火焰山》
19	浙江	周体灵	昌化石	《龙宫取宝》
20	江苏	苏州五昌堂刺绣艺术馆	苏绣	《维摩演教图》
21	浙江	季劭聪	宝剑	《明剑》
22	安徽	俞青	砚雕	《大江东去》
23	吉林	彭祖述	石雕	《论语》
24	江西	熊国辉	陶瓷	《江南情》
25	河北	刘佳文	皮影	《乐亭皮影——五虎上将》

续表

序号	省份	作者	类别	作品名称
26	安徽	卢群山 卢涛	彩陶	《蒜头罐》
27	河南	王玲	文房四宝	《八仙如意砚》
28	浙江	金龙法	木雕	《大叶紫檀多宝阁》
29	广东	李定宁 李斌成	雕塑	《盛世乾坤》（57层象牙球）
30	陕西	刘洁琼	布堆画	《沃土灵花》
31	湖南	邬建美	湘绣	《雄狮》
32	山东	张运祥	木版年画	《山东潍县年画》
33	青海	赛志·东智才旦	唐卡	《大圆满》
34	福建	潘惊石	玉石	《五毒辟邪图》
35	河北	张汝财	内画	《天然水晶内画烟壶四代伟人肖像》一套（8件）
36	浙江	朱军岷	熔铜	《沃若》
37	浙江	陈明伟	木雕	沉香木雕《人参如意》
38	江苏	蔡梅英	苏绣	《姑苏繁华图》（长卷）

民间艺术表演奖（民俗礼仪表演）

序号	省份	节目名称	表演者/单位
1	湖北	土家族穿号子《细碗莲花》	王爱民、王爱华
2	贵州	侗族大歌《蝉之歌》	贵州省黔东南苗族侗族自治州黎平县岩洞农民大歌艺术团
3	内蒙	漫瀚调《大河畔上栽柳树》	奇附林
4	云南	《嫁女调》（纳西族民歌）	和金花
5	陕西	信天游《老祖先留下个人爱人》	雒胜军、雒翠莲

民间艺术表演奖（民间广场歌舞）

序号	省份	节目名称	表演单位
1	辽宁	《海城高跷秧歌》	海城市民间高跷秧歌艺术团
2	吉林	《象帽舞》	延边汪清象帽舞表演艺术团
3	河北	《井陉拉花》	井陉县教育局
4	贵州	《给拖裹》	纳雍县滚山珠艺术团
5	青海	《幸福欢歌》	玉树州土风歌舞团

民间艺术表演奖（民间鼓舞鼓乐）

序号	省份	节目名称	表演单位
1	青海	《高原鼓韵》	海北州民族歌舞团
2	广西	《鼓动瑶山》	贺州市八步区瑶族长鼓表演队
3	江苏	《留左大鼓——普天乐》	南京留左大鼓表演团

民间艺术表演奖（舞龙）

序号	省份	节目名称	表演单位
1	重庆	《二龙戏珠》	重庆市铜梁县文化馆
2	四川	《四川泸州雨坛彩龙》	泸县文化体育广播电影电视局
3	浙江	《东海长龙》	宁波市鄞州区东海长龙队
4	湖南	《城步吊龙舞》	城步下团苗乡飞龙组委会
5	广东	《滚地金龙》	陆丰市大安镇南溪滚地金龙队

民间艺术表演奖（民间绝技绝艺）

序号	省份	节目名称	表演者/单位
1	广东	《越涧穿火展英姿》（高桩醒狮）	湛江文车醒狮艺术团
2	贵州	《武陵神功》	贵州松桃苗族自治县
3	浙江	《宁海平调"耍牙"》	宁海平调剧团耍牙代表队

续表

序号	省份	节目名称	表演者/单位
4	北京	《弓、刀绝技表演》	周全盛
5	福建	《欢庆》	建瓯挑幡艺术团
民间文艺学术著作奖			
序号	省份	作者	类别	作品名称
1	北京	车锡伦	民间文学	《中国宝卷研究》
2	北京	王宪昭	民间文学	《中国各民族人类起源神话母题概览》
3	北京	杨利慧	民间文学	《神话与神话学》
4	辽宁	詹 娜	民俗学	《农耕技术民俗的传承与变迁研究》
5	浙江	王 静	民俗学	《慈城年糕的文化记忆》
6	广西	黄桂秋	民俗学	《壮族社会民间信仰研究》
7	内蒙古	郭雨桥（永明）	民俗学	《细说蒙古包》
8	北京	孟慧英	民俗学	《中国原始信仰研究》
9	北京	巫允明	民间艺术	《中国原生态舞蹈文化》
10	浙江	周静书 施孝峰	民间文学	《梁祝文化论》
11	内蒙古	何秀芝 杜拉尔·梅	民俗学	《我的先人是萨满》
12	甘肃	王贵生	民间艺术	《剪纸民俗的文化阐释》
13	天津	中国木版年画研究基地（丛书整体申报）	田野调查	《中国木版年画传承人口述史丛书》
14	湖北	向柏松	民间文学	《神话与民间信仰研究》
15	北京	毛巧晖	民间文学	《20世纪下半叶中国民间文艺学思想史论》
16	北京	岳永逸	民俗学	《灵验·磕头·传说——民众信仰的阴面与阳面》
17	江苏	长北（张燕）	民间艺术	《中国手工艺·漆艺》
18	北京	董晓萍等	民俗学	《北京民间水治》
民间文学作品奖				
序号	省份	作者	类别	作品名称
1	辽宁	夏秋等	民间文学作品	《满族民间故事·辽东卷》上中下
2	广西	韦苏文等	民间文学作品	《中国民间创世史诗集成·广西卷》
3	四川	冀文正	民间文学作品	《珞巴族民间故事》
4	浙江	刘尚才等	民间文学作品	《十里红妆婚嫁传说》
5	江苏	王宇明等	民间文学作品	《中国民间故事全书江苏·南通市（区）卷》
6	上海	毛一昌	新故事创作	《搭上世博的航船》
7	河北	邢 东	新故事创作	《五分钟事件》
8	浙江	方赛群	新故事创作	《钓鱼场上的奇遇》
9	河北	周宝忠	新故事创作	《小偷还钱》
10	河北	刘六良	新故事创作	《惊心的子弹壳》
11	江西	吴帮国	新故事创作	《为了一个约定》
12	河北	杨辉素	新故事创作	《亲不亲，一家人》
13	江苏	叶林生	新故事创作	《茅山兵魂》

第十一届中国民间文艺山花奖(2013年)

民间艺术表演奖(民间绝技绝艺)			
序号	省份	节目名称	表演单位
1	河南	《孙氏"十六挂转秋"》	洛阳市白马寺镇孙村秋艺社
2	青海	《土族轮子秋表演》	互助土族自治县轮子秋表演队

民间艺术表演奖(民间广场歌舞)			
序号	省份	节目名称	表演单位
1	辽宁	《高跷秧歌"庆丰收"》	大洼县西安镇上口子民间高跷秧歌艺术团
2	贵州	《革家踩亲舞》	黔东南凯里市龙场镇革家歌舞队
3	河北	《火火的秧歌扭起来》	昌黎县艺术团
4	湖北	《土家族撒叶儿嗬》	长阳土家族自治县民间艺术团
5	陕西	腰鼓《欢天喜地》	绥德县文化馆

民间艺术表演奖(民俗礼仪表演)			
序号	省份	节目名称	表演单位
1	陕西	《地台社火》	陇县文化馆
2	江苏	《跳幡神》	溧阳市社渚镇嵩里村
3	广西	《大酬雷》	南宁西乡塘区陈东村师公团
4	山西	《庙前高跷》	太原市民协庙前高跷表演队
5	河北	《桃林坪花脸社火》	井陉桃林坪花脸社火表演队

民间艺术表演奖(舞龙)			
序号	省份	节目名称	表演单位
1	广西	《平安芭蕉龙》	长塘镇定西村楞仲坡
2	福建	《集美弄龙阵头》	厦门集美区宣传部集美大学
3	江西	《龙腾鱼跃》	南昌青云谱城南龙灯表演队
4	浙江	《百叶龙》	长兴百叶龙艺术团
5	广东	《湛江人龙舞》	湛江人龙舞艺术团

民间艺术表演奖(民间灯彩)			
序号	省份	节目名称	表演者/单位
1	福建	《荷塘月色》	陈达增
2	广东	《国色天香刨花灯》	林燕华 陈棣桢
3	山东	《年年有余》	淄博凤舞花灯有限公司
4	浙江	《高照马》	陈益民等
5	江西	《人物香灯》	婺源县文化馆 婺源县岩前村

民间文艺学术著作奖				
序号	省份	作者	类别	作品名称
1	北京	万建中	民间文学	《20世纪中国民间故事研究史》
2	湖北	刘守华	民间文学	《佛经故事与中国民间故事演变》
3	北京	陈连山	民间文学	《〈山海经〉学术史考论》
4	贵州	吴秋林 王金元 郎丽娜	民间文学	《"蒙恰"古歌研究》
5	浙江	何晓道	民间艺术	《江南明清建筑木雕》
6	重庆	余继平	民间艺术	《乌江流域民族民间美术》
7	北京	张锠	民间艺术	《中国泥人张彩塑艺术》

续表

序号	省份	作者	类别	作品名称
8	甘肃	牛乐	民间艺术	《素壁青晖——临夏砖雕艺术研究》
9	江西	于清华	民间艺术	《香炉造物艺术研究·战国至宋代的香炉》
10	北京	张勃	民俗学	《明代岁时民俗文献研究》
11	浙江	陈华文 陈淑君	民俗学	《浙江民间丧俗信仰研究》
12	天津	吴真	民俗学	《为神性加注——唐宋叶法善崇拜的造成史》
13	湖南	李跃忠	民俗学	《演剧、仪式与信仰——民俗学视野下的例戏研究》
14	北京	林继富	民俗学	《清江流域土家族始祖信仰现代表述研究》
15	贵州	刘锋 吴小花	调查报告	《刻道》
16	广东	储冬爱	调查报告	《城中村的民俗记忆——广州珠村调查》
17	吉林	曹保明	调查报告	《闯关东年画》

民间工艺美术作品奖

序号	省份	类别	作者	作品名称
1	江苏	紫砂	冯群星 徐芳	《吴经提梁》
2	福建	石雕	林邵川	《风吹芦花鱼满篓》
3	安徽	砚雕	俞青	《飞流直下三千尺》
4	江苏	紫砂	季益顺	《国色天香壶》
5	江苏	石雕	蔡云娣	《人生三忆》一组三件
6	河南	汝瓷	朱钰峰	《如意尊》
7	浙江	雕刻	吴圣东	《船鼓》
8	广东	泥塑	吴闻鑫 吴宏城 吴光让	《出花园》
9	福建	木偶	庄宴红	《布袋木偶》
10	福建	木偶	陈成科	《百福如意》
11	北京	风筝	哈亦琦	《五龙燕》
12	广东	骨雕	张民辉	《和谐之城》
13	河南	刺绣	王素花	《百鸟朝凤》全卷
14	北京	陶艺	高学花	《墙头》
15	江苏	核雕	陆小琴	《二十四孝》
16	吉林	满族剪纸	关云德	《天宫大战》
17	安徽	竹根雕	洪建华	《十八罗汉》
18	吉林	剪工木艺	郭玉华	《威振长白》
19	浙江	木雕	刘小平	《人间万象》
20	福建	寿山石	郑幼林	《其乐融融》
21	北京	内画壶	刘江华	《〈红楼梦〉内画全集》
22	四川	传统技艺类	陈云华	《苦乐清凉》
23	江西	陶瓷	屠丽青	《花语芬芳》
24	青海	唐卡	陈玉秀	《释迦牟尼》
25	辽宁	桃核微雕	韩志耀	《上河图》
26	浙江	刺绣	林霞	《原·衍生》
27	湖南	湘绣	周艳群	《八月》
28	天津	木雕	王树元	《人物纹屏风》
29	福建	寿山石雕	刘爱珠	《和谐（荷叶）文房四宝》
30	宁夏	剪纸	郑飞雁	《窗花映彩塞上天》

序号	省份	类别	作者	作品名称
31	浙江	木雕	陈明伟	《骨木镶嵌万工床》
32	山东	黑陶	苏兆起 苏日华	《蛋壳陶系列》
33	江苏	云锦	金文	《万里长城》
34	浙江	木雕	吴尧辉	《赏乐》
35	河北	珀晶	张雅军	《大闹天宫》
36	江苏	丝毯	李玉坤丝毯研制组	《北京千年风景图》
37	广东	陶塑	王增丰	《画坛之光》
38	江西	陶瓷	岑艳	《飞舞的思绪》
39	福建	陶瓷	陈明良	《志在书中》
民间文学作品奖				
1	贵州	民间文学作品	余未人 杨正江	《苗族英雄史诗〈亚鲁王〉》
2	四川	民间文学作品	阿牛木支 吉则利布 孙正华	《彝族克智译注》
3	浙江	民间文学作品	周静书 施孝峰	《中华龙传说》
4	内蒙古	民间文学作品	铁木尔布和	《内蒙古民间故事全书·阿拉善右旗卷》
5	广东	民间文学作品	林朝虹 林伦伦	《全本潮汕方言歌谣评注》
6	广西	民间文学作品	韩家权 潘其旭等	《布洛陀史诗》
7	湖北	民间文学作品	刘民	《再世嫦娥钱六姐研究文集》
8	天津	新故事创作	柴兴志	《追到姑娘就有房》
9	安徽	新故事创作	江永年	《老师你好》
10	河北	新故事创作	於全军	《血仍未冷》
11	浙江	新故事创作	陈效平	《挖出来的风波》
12	江苏	新故事创作	徐树建	《开店情缘》
13	安徽	新故事创作	章川封	《谁是过河卒》
14	湖北	新故事创作	方光晴	《巧女节》

民俗影像作品奖			
序号	省份	作品名称	参评者
1	甘肃	《冬季牧场》	赵国鹏、陈莉、张三奎
2	甘肃	《窑洞人家过大年》	丁如玮、王光达、陈雯惠、田冰
3	内蒙古	《阿拉善烤全羊》	赛仁、黄志伟、吉日木图、塔娜
4	浙江	《我们的节日——端午温州》	潘一钢、管红艳、黄碧红、周骏
5	四川	《坚守》	赵军、张涛、张泽松、林渤
6	新疆	《家在云端》	纪林、阿布来提·托乎提、玉克赛克·西加艾提

第十二届中国民间文艺山花奖（2015年）

民间工艺美术作品奖				
序号	省份	类别	作者	作品名称
1	天津	彩塑	王润莱	《私塾》
2	福建	石雕	叶子	《琴瑟和鸣》
3	安徽	砚台	程礼辉	《徽州无梦·套砚》
4	北京	牙雕	张贺	《梁红玉》

续表

序号	省份	类别	作者	作品名称
5	江苏	紫砂陶	刘军华	《凌竹壶》
6	山东	面塑	王晓燕（延风）	《金陵十二钗》
7	广东	砖雕	何世良	《六国大封相》
8	河南	刺绣	王丽敏	《释迦牟尼佛》
9	浙江	漆艺	黄才良 陈龙	《十里红妆系列》
10	广东	农民画	王汉池	《客家山歌农民画组画》
11	上海	文房四宝	吴笠谷	《歙石达摩面壁砚》
12	江苏	刺绣	姚惠芬	《生态之殇》
13	江苏	玉雕	马洪伟	《象尊》
14	福建	陶瓷	林鸿福	《民族风·中国梦》
15	河北	漆器	许晓芳	《脱胎金漆镶嵌千秋瓶》
16	江苏	核雕	许忠英	《十二月花神》
17	浙江	竹根雕	周秉益	《福贵齐芳》
18	江苏	砖雕	钱建春	《移动砖雕门楼》
19	浙江	木雕	吴尧辉	《〈大唐盛世〉系列组雕》
20	安徽	歙砚	钱胜东	《兰亭雅集》
21	吉林	剪纸	闫雪玲	《萨满九女神》
22	浙江	石雕	钱高潮	《紫气东来》
23	江苏	扎染立屏	焦宝林	《水浒一百零八人物图》
24	福建	陶瓷	连紫华	《仿宋木雕观音》
25	广东	手工刺绣	朱斌辉	《五伦图》
26	福建	漆线雕	蔡超荣	《虎踞龙盘》
27	广东	石雕	陈学农	《秋硕图》

民间艺术表演奖（舞龙）			
序号	省份	节目名称	表演单位
1	福建	《五龙呈祥庆太平》	上杭县艺术中心五龙民俗表演队
2	江苏	《龙舞稻花香》	苏州市民协 苏州科技学院舞龙表演队
3	广西	《壮族板鞋龙》	广西贺州市八步区壮族板鞋龙队
4	湖南	《烟花龙舞》	浏阳市强盛龙狮艺术团
5	浙江	《拼字龙》	温州市龙湾区民协拼字龙表演队

民间艺术表演奖（民间广场歌舞）			
序号	省份	节目名称	表演单位
1	河北	《老抓嘎妈闹花灯》	滦县铁牡丹农民秧歌队
2	广西	《金锣舞》	田东民间歌舞表演队
3	西藏	《欢快锅庄》	那曲地区群众艺术馆
4	云南	《老虎笙》	楚雄双柏彝族老虎笙表演队
5	广东	《鹰雄相斗竞风流》	廉江市舞鹰雄艺术团

民间艺术表演奖（民俗礼仪表演）			
序号	省份	节目名称	表演单位
1	河北	《安头屯中幡》	香河县安头屯中幡表演队
2	广东	《南国麒麟舞吉祥》	东莞市清溪镇文化广播电视服务中心
3	河南	《新东兴武狮图》	浚县伾山街道东关村
4	山西	《稷山高跷走兽》	稷山高跷走兽艺术团
5	江西	《南丰傩舞》	南丰县市山镇流坊大傩班 琴城镇水北大傩班

续表

民间艺术表演奖（民间绝技绝艺）			
序号	省份	节目名称	表演单位
1	河北	《火焰山》	乐亭县文化遗产传承中心
2	山东	《泰山石敢当 为民除害保平安》	泰安市泰山皮影艺术研究院
3	浙江	《水漫金山》	海宁皮影艺术团有限公司

民间文艺学术著作奖				
序号	省份	类别	作者	作品名称
1	北京	民间文学	刘锡诚	《二十世纪中国民间文学学术史》（上、下）
2	天津	田野考察报告	天津大学冯骥才文学艺术研究院	《天津皇会文化遗产档案丛书》
3	北京	民间文学	杨利慧 张成福	《中国神话母题索引》
4	湖北	田野考察报告	宜昌市文联	《中国民俗志·湖北省宜昌市卷》
5	甘肃	民俗学	满 珂	《神圣、世俗与性别关系：中国甘肃省东乡族的民族志研究》
6	上海	民间艺术	郑土有 奚吉平	《中国农民画考察》
7	北京	民间文化	邢 莉	《内蒙古区域游牧文化的变迁》
8	上海	民间文学	黄景春 程 蔷	《中国古代小说与民间信仰》

民俗影像作品奖				
序号	省份	作者	作品名称	单位
1	四川	钱路劼 周雪珍 杨华健等	《金沙江飞排》	峨眉电影集团
2	北京	巫允明	《土族传统仪式〈跳於菟〉》	中国艺术研究院舞蹈研究所
3	广西	黄秋源 凌日胜 郑 栋	《孙头坡抢花炮》	广西南宁市邕宁区人民政府
4	新疆	叶尔肯	《摇床仪式》	青河县广播电视局
5	内蒙古	单乌兰其其格 敖云达来 包玲玲	《鄂尔多斯祝赞词精品集》	内蒙古民间文艺家协会
6	甘肃	李 克	《布格勒萨伊》	甘肃中融视觉文化传播有限公司

民间文学作品奖评奖结果				
序号	省份	作者	类别	作品名称
1	辽宁	陈维彪	民间文学作品类	《何钧佑锡伯族长篇故事》
2	江西	甘少华 方树成 龚顺荣等	民间文学作品类	《中国民间故事全书·江西抚州县卷本》
3	贵州	吴一文等	民间文学作品类	《苗族史诗通解》
4	山东	黄胜	新故事创作	《大雁的眼泪》
5	河北	孙瑞林	新故事创作	《牡丹乡的百年梦》

第十三届中国民间文艺山花奖（2018年）

优秀民间艺术表演			
序号	节目名称	类别	表演单位
1	《放驴》	吹歌	河北省定州市子位吹歌民间艺术学校
2	《幺姑筛茶来》	民歌	湖北省恩施市非物质文化遗产保护传承展演中心

续表

序号	节目名称	类别	表演单位
3	《山南鼓舞》	民间鼓舞鼓乐	西藏自治区山南市琼结县久河村卓舞表演队
4	《禾楼舞》	民间广场歌舞	广东省云浮市郁南县"禾楼舞"表演队
5	《布依族火龙》	舞龙	贵州省册亨县者楼村火龙表演队

优秀民间文艺学术著作		
序号	作者	作品名称
1	陈泳超	《背过身去的大娘娘：地方民间传说生息的动力学研究》
2	顾希佳	《运河记忆——嘉兴船民生活口述实录》
3	贺学君	《中国民间叙事诗史》
4	林继富	《中国民间游戏总汇》

优秀民间文学作品			
序号	作者	类别	作品名称
1	李海生	民间文学	《东北民间故事》（上、下）
2	廖明君 韦丽忠	民间文学	《刘三姐歌谣·风俗歌卷》
3	甘桂芬	新故事	《不为天子为良匠》

优秀民间工艺美术作品			
序号	作者	类别	作品名称
1	范安琪	陶瓷	《戏曲人物》
2	施冬妹 任建华 王杨春等	红木雕刻	《姑苏繁华图》
3	陈彩平	仙居花灯	《和颜悦色》
4	付绍相	陶艺雕塑	《一带一路》
5	苗 炜	刺绣	《美人记》
6	陈礼忠	石雕	《秋荷听雨》
7	郑春辉	木雕	《桃花源》
8	着 着	农民画	《南丝路一带缘，藏汉人一家亲》

第十四届中国民间文艺山花奖（2019年）

优秀民间文艺学术著作		
序号	作者	作品名称
1	王宪昭	《中国创世神话母题实例与索引》（全三册）
2	黄景春	《中国宗教性随葬文书研究：以买地券、镇墓文、衣物疏为主》
3	杨先让 杨 阳	《黄河十四走》（上、中、下）
4	阿木尔巴图 苗 瑞	《蒙古族传统美术——图案》（上、下）

优秀民间文学作品			
序号	作者	类别	作品名称
1	黄志林 周功清	民间文学作品	《苍南童谣》
2	申法海	民间文学作品	《中原民间经歌》
3	李 燕	新故事创作	《卧底鱼》

优秀民间艺术表演作品			
序号	作品	类别	表演单位
1	《泸州雨坛彩龙》	舞龙	四川省泸县文体新广局

续表

序号	作品	类别	表演单位
2	《雪热巴传奇》	鼓舞鼓乐	西藏索县攒丹雪热巴队
3	《欢欢乐乐唱起来》	民歌	李成刚 余金松
4	《淝水流韵》	鼓舞鼓乐	安徽省寿县文广新局
5	《娇阿依》	民歌	重庆市彭水苗族土家族自治县文化馆

优秀民间工艺美术作品			
序号	作者	类别	作品名称
1	王金祥	木雕家具	《通作文人书房小架子床》
2	薛宏权	皮影	《番王》
3	佘可燕 康惠芳 佘远彧	刺绣	《岁朝清供》
4	李守白	剪纸	《上海童谣》
5	鲍明沛	紫檀镶嵌	《箍桶记》（一组10件）
6	张硕	砚雕	《万佛朝宗》
7	冯伟 冯久和	石雕	《惠风和畅》
8	胡堂山 钟秀琴	核雕	《深圳之春》（一组15颗）

（山花奖历届获奖名单由中国民协活动管理处提供）

编后记

时代更迭，史河长流，大浪淘沙，精品长存。从古至今，任何一个民族文化瑰宝的积聚层累，都离不开各个时代标志性的机构，以及这一机构集合起来的术业专攻的人才。正是由于他们的殚精竭虑，锲而不舍，才使文化的保留、传承和传播成为可能，才使灿烂的文明光耀千古，彪炳史册。

在编辑《中国民间文艺家协会70年发展史》和《中国民间文艺家协会70年学术史》两本纪念文集时，我们整理了大量的照片，本拟作为插图，但考虑到图片之珍贵和数量之多，中国民协分党组书记邱运华建议，专门编辑出版一本《中国民间文艺家协会70年图像志》（简称《图像志》），通过图像叙事的方式，来梳理新中国第一个全国性民间文艺学术团体的历史。于是在既有图片档案基础上，我们一方面进行框架设计，另一方面针对重要历史节点进行了专门的图片搜集和补充。这是一件颇费周折的事，是一次勇敢的建构尝试，同时也是一次极有意义的工作，许多珍贵的历史图片和档案文献被打捞出来。

同样是记录历史，文字可以通过回忆、追述等方式去再现历史，而照片记录的是一个个历史瞬间，一旦错过，再也没有办法"补拍"，因此就越发显出现存老照片的不可替代价值。在过去资源贫乏、设备落后的条件下，图片资料能够保存下来十分不易，看到从各处搜集的老照片、泛黄的旧档案，正在因历史久远、图像模糊，逐渐演变为遥远的记忆，把它们结集成册以示后人的责任感便油然而生。

《图像志》的编纂是一个聚沙成塔的过程。70年的时光，许多老照片散落在已故前辈和退休干部的家中，甚至被忽略遗忘。有时为了一个线索、一张照片可能花费数周、数月的时间苦苦搜寻，仔细甄别。我们期待用时间的经线串连起历史的记忆，将人物的形象和事件的细节更加真实地呈现出来。我们知道，每张图片的信息越详尽精准，《图像志》的历史价值越厚重。在这个过程中，我们多次拜访老前辈和老干部，请他们辨认老照片中的人物，回忆当时的事件，这不仅对于《图像志》来说意义重大，对这些前辈的付出也是真诚的礼敬；我们翻阅了大量的新闻史料以及相关回忆文章，对照片所对应的时间、地点、人物、事件以及时代背景等要素予以确认；我们始终不肯放弃一张图片和一条线索，我们的搜集甄别工作就像在沙海寻宝，拂去积尘始见金。

《图像志》的编纂绝非一己之力单打独斗能办到，离不开一个团队的默契合作和集体智慧，也离不开许多关心民间文艺的老朋友的关心支持和热情帮助。

这项工作得到了邱运华书记的充分信任和实际指导，他在编纂框架、文献选用等方面都提出了具体的建议；天津大学冯骥才文学艺术研究院和中国社科院学部委员郎樱女士、四川省民协主席孟燕、吉林省民协主席曹保明、河南省民协主席程建军、青岛市民协主席李扬、原冯元蔚同志秘书四川省委办公厅段明、神奈川大学教授福田亚细男、东京都立大学教授何彬、山东工艺美术学院陈义磊等提供了相关照片；中国民协刘未、乔军、孔宏图、张礼敏、马海燕、郝静、高寒、楼一宸、裴诗赟、刘洋、刘丽、杨惠惠、李琳等同志花费大量精力整理和拍摄图片，祖连英、闫娜等同志在经费保障等方面大力支持，在此一并表示感谢！

衷心感谢学苑出版社名誉社长孟白先生、副社长洪文雄先生、编辑郭人杰女士，设计师张亚静女士，他们对《图像志》的编纂给予了有力的支持、包容和鼓励。衷心感谢新文学史料郭娟女士对图像志的关心和支持。衷心感谢谢桂华、王素珍两位同志在本书编纂过程中提出具体建议，并承担了许多细致而辛苦的工作。

最后，我们要特别感谢协会离退休干部董森、张文、刘锡诚、刘晓路、金茂年、冯志华、高育武等同志及吉星夫人刘凤梅女士提供了大量的图片资料；吉星的儿子吉鹏先生、陶阳的女儿陶红女士、王平凡的女儿王素蓉女士、孙剑冰的儿子孙晏先生、汪曾祺的女儿汪朝女士，他们传承了父辈对民间文艺事业的关心和热情，授权本书使用他们保存数十年之久的老照片，极大地丰富了《图像志》的史料，令我们深受感动！

岁月如歌，弹指一挥。这些饱含记忆的图片用时光的金线串联在一起，像是一颗颗不可多得的珍珠，闪烁着一代又一代民间文艺工作者的精神气质和理想信念。

本书总共收入照片近800幅。由于部分资料的缺失或难以查证，让这本《图像志》留下了一些遗憾。此外，本书在编纂和统稿的时间和节奏上颇为紧迫，难免在具体细节中有疏漏之处，祈望专家和读者们批评指正。

一切过往皆为序章。

中国民协的70年，是全国民间文艺工作者团结奋进、砥砺前行、勇于开拓、默默奉献的70年。我们祝愿她在中国文化长河中初心不改，续积跬步，终至千里。

编者

2020年12月